Gerd Eversberg

Das Marionettenspiel vom Doktor Faust

Gerd Eversberg

Das Marionettenspiel vom Doktor Faust

Georg Geißelbrecht und seine Faust-Version um 1800

WALLSTEIN VERLAG

Die Theodor-Storm-Gesellschaft überreicht diesen Band ihrem langjährigen Sekretär Gerd Eversberg zu seinem 65. Geburtstag.

Inhalt

Vorwort

Die Kultur- und Unterhaltungsindustrie am Beginn des einundzwanzigsten Jahrhunderts gehört zu den umsatzstärksten Branchen unserer globalen Industrie- und Konsumgesellschaft; im Zusammenhang mit der kommerziellen Herstellung und Verbreitung von Produkten vor allem aus den Bereichen Fernsehen, Film, Musik, Bücher und Computerspiele werden jährlich weltweit fast fünfhundert Milliarden Dollar umgesetzt. Seit Mitte des neunzehnten Jahrhunderts rückte die Unterhaltungsfunktion der modernen Massenmedien in den Vordergrund; zunächst waren es Familienzeitschriften, die in immer vielfältigerer und bald auch in farbiger Gestalt das steigende Unterhaltungsbedürfnis zu befriedigen suchten. Seit der Erfindung des Kinos und später des Fernsehens bestimmen diese Medien seit mehr als einem Jahrhundert die zunehmende Freizeit der Menschen in den entwickelten Industrienationen. Mit dem Internet verbreiten sich Musik, Filme und Computerspiele weltweit, vermitteln Lebensweisen und Lebenswelten und wirken geschmacks- und stilbildend.

Trotz dieser Veränderungen konnten sich traditionelle Medien wie das Theater behaupten und spielen nach wie vor in der kulturellen Lebenswirklichkeit eine bedeutende Rolle. Der Siegeszug der modernen Massenmedien hat vor allem bei den populären Theaterformen einen Wandel bewirkt. So hat das Kino das bis zum Ende des neunzehnten Jahrhunderts volkstümliche Marionettentheater fast völlig verdrängt.

Kein anderes Medium erreichte so viele Menschen, wie das Spiel mit den Puppen; neben der unterhaltenden Dimension darf die Bildungsfunktion der Wandertheater nicht unterschätzt werden; in den Jahrhunderten vor der Alphabetisierung wurden literarische, mythologische und historische Stoffe vor allem durch die Stücke der Marionettenspieler vermittelt.

Das Spiel mit den an Fäden oder Drähten geführten Gliederpuppen ist in Mitteleuropa seit der zweiten Hälfte des sechzehnten Jahrhunderts belegt; die Figurentechnik stammt wahrscheinlich aus Asien, wurde von Seeleuten über Italien und England nach Europa gebracht und entwickelte sich im siebzehnten Jahrhundert für mehr als dreihundert Jahre zum publikumswirksamsten Unterhaltungsmedium der Neuzeit.

Ihr Repertoire bestand aus denselben Stücken, die auch von den wandernden Schauspielertruppen aufgeführt wurden, da zunächst eine enge Verbindung zwischen dem Menschentheater und dem Spiel mit den Puppen bestand. Neben den Haupt- und Staatsaktionen des Barocktheaters waren das Stoffe aus Geschichte und Mythologie, zu denen im achtzehnten Jahrhundert galante Komödienstoffe aber auch volkstümlicher und regionaler Klamauk kam, der in oft deftiger Fäkalsprache eine Art Ventilfunktion für die wenig Gebildeten hatte. Um die Wende vom achtzehnten zum neunzehnten Jahrhundert übernahmen Marionettenbühnen auch Stücke aus dem Unterhaltungsrepertoire der zeitgenössischen Komödiendichter.

Im achtzehnten Jahrhundert waren es mehr als hundert Puppenbühnen, die im deutschsprachigen Raum von Stadt zu Stadt und von Jahrmarkt zu Jahrmarkt zogen, um die Menschen zu unterhalten. Ihre Mitglieder zählten zu den »fahrenden Leuten« und genossen – wie auch die Akrobaten, Schausteller, Gaukler und Schauspieler wenig Ansehen, wurden sozial diskriminiert und mussten hart um städtische Spielkonzessionen kämpfen.

Erst im Zusammenhang mit der Sammlung volksläufiger Lieder, Märchen und Sagen interessierten sich seit der Mitte des neunzehnten Jahrhunderts Volkskundler und Literaturwissenschaftler auch für die Spiele der Marionettenspieler. Man wurde auf den Mechanikus Georg Geißelbrecht aufmerksam, der als einer der letzten großen Prinzipale mit seinen Puppen den gesamten deutschen Sprachraum zwischen 1790 und 1826 bespielte.

Geißelbrecht ist unter den Marktschreiern eine in vielerlei Hinsicht bemerkenswerte Gestalt. In seinem Repertoire, das immerhin das gesamte Spektrum der damals vom Publikum begehrten Stoffe repräsentiert, hat das Spiel vom *Doktor Faust* offensichtlich während seiner gesamten Wirkungszeit das Zugstück gebildet. An seinem Wirken können typische Merkmale der geistigen und sozialen Bedingungen des Marionettentheaters in der zweiten Hälfte des achtzehnten Jahrhunderts veranschaulicht werden; zugleich tritt er uns als eine individuelle Figur entgegen.[1] Denn zwar gab es neben Geißelbrecht noch eine Reihe weiterer Marionettentheater-Besitzer – auch solche, die den *Doktor Faust* ebenfalls in ihrem Bestand hatten –, doch über keinen ist so viel Material aus Archiven zusammengetragen worden wie über ihn. Und keiner hat auch zu Lebzeiten eine solche Fülle von Spuren sowohl in Verwaltungsakten als auch in den Köpfen der Gebildeten hinterlassen.[2]

Von Geißelbrecht und seinem Repertoire kennen wir heute eine Fülle von Details, so dass ein anschauliches Bild von den Marionetten und ihrem Publikum gezeichnet werden kann. Es führt uns nicht nur einen wenig bekannten Abschnitt aus der Geschichte der deutschen Faust-Bearbeitungen vor Augen, sondern auch etwas von der bunten Unterhaltungskultur vergangener Zeiten – ihren Licht- und ihren Schattenseiten.

Geißelbrecht und sein Faust

1. Johann Georg Geißelbrecht, Puppenspieler

Zur Person

Johann Georg Geißelbrechts Manuskript eines *Faust*-Puppenspiels war das erste seiner Art, das im Druck erschien (1832). Seinen spärlichen biographischen Informationen fügte der Herausgeber Karl Simrock folgende Erklärung bei:

> Mechanicus Geißelbrecht von Wien.
> Ich habe dieses Stück von ihm aufführen sehen um 1800.
> Zum letzten Male führte er es um 1817 zu Frankfurt auf.
> 26. Mai 1840. G. Kloß.[3]

Die Angabe »von Wien« ist falsch, wurde aber in einschlägigen Darstellungen[4] immer wieder nachgeschrieben. Es gehört zu den Verdiensten des Puppenspielforschers Hans R. Purschke, diesen Irrtum richtiggestellt zu haben, indem er als Geburtsort Hanau am Main ermittelte und nachwies, dass es noch aus dem Jahr 1825 Nachrichten über die Geißelbrechtsche Bühne gibt.[5] Zum Todesjahr Geißelbrechts lässt sich kein Beleg finden[6]; das Jahr 1817, das an vielen Stellen der Faust-Literatur genannt wird, ist lediglich aus obiger Erklärung gefolgert. Da aber für den Mai 1817 noch Auftritte in Husum belegt sind[7] und Geißelbrecht 1825 wieder in Frankfurt am Main auftrat,[8] kann er erst später verstorben sein. Fest steht allerdings, dass der Mechanikus Johann Georg Geißelbrecht am 23. November 1762 als Sohn eines Schuhmachermeisters in Hanau geboren wurde.[9]

Weitere Archivfunde und die Auswertung bisher übersehener Zeitschriftenbeiträge ermöglichen es, nun ein differenziertes Bild von Geißelbrecht, seinen Spielorten und seinem Repertoire zu geben.[10] Geißelbrecht galt bisher immer nur als

Prinzipal eines Wandermarionettentheaters; nicht bekannt war, dass er auch einer kleinen Truppe von Schauspielern vorstand, mit denen er zumeist einaktige Lustspiele zeigte.[11]

Nach seinen Erfolgen als Marionettenspieler in ganz Deutschland lassen sich weitere Aktivitäten belegen, bei denen er auch kleinere Stücke mit Personen aufführte. In seiner Truppe, die aus bis zu sechs Schauspielern und einigen Gehilfen bestand, wurde die alte Einheit von Menschenbühne und Puppenspiel zum letzten Male lebendig. Bis 1825 können wir seine Aktivitäten vor allem im Norden und Osten Deutschlands verfolgen.

Größeren Erfolg hatte der wandernde Theater-Prinzipal auf einer mehrjährigen Gastspielreise, die ihn über Schlesien und Polen bis nach Russland führte; durch sein abwechslungsreiches Repertoire und die technisch brillant konstruierten Puppen verdiente Geißelbrecht so gut, dass er in Bunzlau ein Haus und damit das Bürgerrecht dieser Stadt erweben konnte. Er wurde also mit seiner Familie im Gegensatz zu vielen seiner Kollegen sogar sesshaft.

Spielorte

Über die Anfänge von Geißelbrechts Wirken als Puppenspieler ist nichts bekannt; sein erster Auftritt ist für das Jahr 1790 in Solothurn in der Schweiz belegt, wo er mit Marionetten und Schattenspielen gastierte.[12] 1796 untersagte ihm der Nürnberger Magistrat zunächst, dort seine »chinesischen Kunstschatten« zu zeigen, Geißelbrecht erhielt dann allerdings die Erlaubnis, in der Stadt von November 1796 bis Februar 1797 zu spielen.[13]

Während des Rastatter Kongresses (1797-1799), auf dem der Versuch zur Umgestaltung Deutschlands und zur Entschädigung linksrheinischer Verluste deutscher Fürsten scheiterte, spielte Geißelbrecht dort mit seinen Marionetten. Der Feuilletonist Carl Julius Weber berichtete darüber in seinem postum erschienenen Reisebericht über *Die Marionetten*, der etwa 40 Jahre nach den erwähnten Ereignissen zum ersten Mal veröffentlicht wurde:

> Am Rastadter [!] Kongreß klagte die Direktion des französischen Theaters über die Abnahme des Zuspruchs, weil alles nach dem Marionettentheater eines gewissen Geißelbrecht lief [...].[14]

In den darauf folgenden Jahren zog Geißelbrecht auch durch Mittel- und Norddeutschland. Ebenso hat die Gesellschaft Dänemark und Russland bereist. Die Spielorte lassen sich nur lückenhaft nachweisen, jedoch zeigen die erhaltenen Dokumente, welchen erstaunlichen Wirkungskreis diese Bühne erreichte. Wohl von Hamburg[15] über Berlin[16], wo Geißelbrecht im Winter aufgetreten war, reiste die Gesellschaft im Mai 1804 nach Weimar[17], wo sie auf ein einträgliches Geschäft hoffen konnte. Das gebildete Publikum in der kleinen Residenzstadt versprach einen guten Zuspruch besonders bei den traditionellen Marionettenspielen, für die der Mechanikus berühmt war. Er fiel dort durch die Geschicklichkeit auf, mit der er seine Puppen zu manövrieren verstand. Der reisende Theaterprinzipal aus dem Hessischen konnte sich ausrechnen, dass die »geschätzten Liebhaber« aus dem gebildeten Bürgertum seine Darbietungen so reputierlich finden würden, dass eine Verlängerung des Gastspiels ohne große Probleme genehmigt würde.

Die Existenzsicherung war zu Beginn des neunzehnten Jahrhunderts nicht leicht für wandernde Marionettentheater wie das Geißelbrechtsche; die Polizeivorschriften der deutschen Kleinstaaten verlangten allerhöchste Spielerlaubnisse, die nur schwer und zu bestimmten Anlässen zu bekommen waren. Das Ansehen der Puppenspieler war gering; sie galten als »fahrendes Volk«, dem nicht über den Weg zu trauen war. In Residenzstädten mit stehenden Theatern empfanden die Schauspieler die hölzernen Akteure gar als Konkurrenz und sorgten dafür, dass die Spielerlaubnis für die Marionetten nur zeitlich begrenzt erteilt wurde. Für Geißelbrecht ließ sich die Sache in Weimar gut an. Er spielte dort auf dem Rathaus den *Faust* und das Stück *Herodes von Bethlehem oder der triumphierende Viertelsmeister*, das der Publizist Siegfried August Mahlmann (1771-1826) verfasst hatte. Es handelt sich um eine

Parodie auf ein Stück von Kotzebue; sie trägt die Untertitel *Ein Schau-, Trauer- und Thränenspiel in 3 Aufzügen. Als Pendant zu den vielbeweinten Hussiten vor Naumburg.*[18]

Geißelbrecht lieferte damit seinem Publikum im Rathaussaal eine anspruchsvolle Kost, die in ihrer Art neben den Darbietungen der Weimarer Hofschauspieler durchaus Bestand hatte. Damit es gar nicht erst zu einer direkten Konkurrenz zwischen den Marionetten und den Schauspielern kommen konnte, hatte die »General Policei Direction« zur Bedingung gemacht, »Dass an den Schauspieltagen nicht gespielt werden sollte.«[19]

Die Gesellschaft muss sich ordentlich betragen haben, denn eine kurze Verlängerung des Gastspiels wurde erteilt, man erlaubte Geißelbrecht, insgesamt elf Vorstellungen in Weimar zu geben. Ein besonders an den Marionetten interessierter Besucher des Geißelbrecht'schen Theaters war der Schriftsteller, Publizist und spätere Pädagoge Johannes Daniel Falk (1768-1826), der nach eigenen Angaben gemeinsam mit Goethe den *Doktor Faust* besuchte.[20]

Falk war aus verschiedenen Gründen an Geißelbrechts Theater interessiert und versuchte, eine weitere Verlängerung der Spielerlaubnis für Geißelbrecht zu erwirken. Allerdings zerschlugen sich die Pläne Falks, in der Residenzstadt ein stehendes Marionettentheater zu etablieren, von dem er sich gemeinsam mit seinem Freund August Mahlmann eine Reform des in Konventionen erstarrten Theaters erhoffte.[21] Wir verdanken dem Interesse Falks an dem Puppenspieler Geißelbrecht die umfangreiche Sammlung von Manuskripten, die der Marionettenspieler in den folgenden Jahren für seinen Gönner zumeist aus dem Gedächtnis niederschrieb und ihm nach Weimar sandte.

Geißelbrecht reiste dann Ende Juli über Erfurt, Zeitz und Lauchstädt[22] nach Leipzig, wo der Magistrat das Spielen untersagte[23]. 1809 führte der Weg über Breslau[24] und Königsberg[25] bis nach Russland[26]. 1811 – auf dem Höhepunkt der Karriere des Mechanikus – war die Bühne in Berlin zu sehen, wo der dortige Kreis der Romantiker manche Anregung für die eigenen literarischen Marionettenspiele aus den rohen Puppenspielen der Wanderbühnen empfangen hat. 1814 hören wir wieder von Aufführungen in Güstrow[27] und in Hamburg[28], von wo aus Geißelbrecht im folgenden Jahr (1815) ein Gesuch an den Herzog von Schleswig-Holstein richtete, das vier Wochen später mit einer Konzession positiv beschieden wurde.[29] Diese Konzession wurde 1816 erneuert[30], und wir können aufgrund eines erhaltenen Dokuments die Spielorte zwischen Januar 1816 und Februar 1818 genau rekonstruieren[31]: Die Gesellschaft zog von Hamburg nach Flensburg, weiter über Hadersleben zur dänischen Hauptinsel Seeland, gastierte in Kopenhagen und reiste zurück über Hadersleben nach Husum[32], Kiel, Schleswig, Traventhal, Rendsburg und Glückstadt. Lübeck wurde 1819 besucht[33], 1820 wieder Güstrow; danach spielte die Gesellschaft in verschiedenen Orten Preußens, wie eine Konzession von 1822 belegt.[34]

Frankfurt am Main[35] war nicht der Hauptstandort der Bühne, wie gelegentlich behauptet worden ist;[36] allerdings spielte Geißelbrecht dort zur Herbstmesse 1800, 1801 und 1802 und wieder 1825. Das Programm zur Herbstmesse 1825 zeigt die ganze Breite des Repertoires dieser Marionettenbühne; neben den verbreiteten traditionellen Stoffen der Puppenspieler, darunter auch der *Doktor Faust* (am 18. September), enthält es eine Reihe moderner Stücke von Johannes Daniel Falk und Siegfried August Mahlmann. Anschließend ist Geißelbrecht noch am 9. Oktober 1825 in Offenbach[37] und am 8. November in seiner Vaterstadt Hanau[38] aufgetreten. Anfang 1826 richtete er von Heidelberg aus ein erneutes Gesuch wegen einer Konzession nach Schleswig-Holstein, das im März aber abschlägig beschieden wurde.[39] Dann verlieren sich seine Spuren.

Neben diesen wenigen Daten seines Lebens gibt es allerdings noch weitere Hinweise auf sein Wirken, die der Puppenspieler hinterlassen hat, unter anderem ein Manuskript, das aus Geißelbrechts Nachlass erhalten blieb und das ein Puppenspiel vom Doktor Faust enthält.

Geißelbrechts Marionettentheater: Repertoire und Aufführungspraxis

Unter Geißelbrechts Marionettenspielen finden wir eine Reihe von traditionellen Stücken, die in früheren Zeiten von den Wanderschauspielern gezeigt wurden, so *Der Bräutigam ohne Braut, Doktor Faust, Genovefa, Herkules und Alceste, Judith und Holofernes, Trau, schau, wem!, Hamann und Esther* und *Christoph Wagner*; daneben wurden Possen, Singspiele und Opern von Autoren der zweiten Hälfte des achtzehnten Jahrhunderts aufgeführt. Sie stammen zum Beispiel von Johann Christian Brandes (1735-1799), von August von Kotzebue (1761-1819) und von Friedrich Ludwig Schröder (1744-1816).

In Weimar hatte Johannes Daniel Falk, dessen Erinnerungen an Goethe postum berühmt wurden, ein satirisches Märchenspiel unter dem Titel *Die Prinzessin mit dem Schweinerüssel* geschrieben. Falk berichtete in seinem später viel gelesenen Goethe-Buch von den Ereignissen in Weimar.[40] Goethe habe ihn nach einem Besuch in Geißelbrechts Marionettentheater aufgefordert: »Sie sollten doch dem Geißelbrecht ihre ›Prinzeß‹ verehren!« Falk hat davon auch in einem Brief an Böttiger vom 7. Oktober 1804 berichtet.

Dass Falk *Die Prinzessin mit dem Schweinerüssel* tatsächlich für Geißelbrechts Marionettentheater geschrieben hat, geht auch aus einem 1849 anonym erschienenen Goethe-Buch des Sächsischen Hofrats Johann August Ludecus hervor, der die Weimarer Ereignisse ebenfalls schildert[41]: Falk hängte an das Stück einen Epilog an, der vom Hanswurst des Mechanikus Geißelbrecht im Weimarer Rathaussaal unter dem Jubel der Zuschauer gesprochen und in dem die Schauspielerzunft verspottet wurde. Der Protest einiger Weimarer Schauspieler, die sich durch die Satire lächerlich gemacht sahen, löste einen *Marionettenkrieg* aus, der über den anekdotischen Bericht von Ludecus hinaus durch einen Bericht in der *Zeitung für die elegante Welt* dokumentiert ist.[42] Danach erwirkte eine Deputation von Schauspielern bei Goethe[43] das Verbot einer weiteren Marionettenaufführung, und die beleidigten Akteure protestierten öffentlich gegen die Satire.

Die nächste Aufführung durfte nur im privaten Kreise bei Falk stattfinden. Geißelbrecht zeigte *Die Prinzessin mit dem Schweinerüssel* im Juni in Erfurt und im Juli in Zeitz unter großem Beifall, doch der Leipziger Magistrat nahm die schon erteilte Genehmigung zurück, nach der Geißelbrecht auf der Michaelismesse spielen durfte. Dies geschah wohl unter dem Eindruck der Weimarer Ereignisse, die einen weiteren publizistischen Niederschlag in einer Satire fanden[44], die vermutlich von Falk persönlich verfasst worden war. In den nächsten Jahren spielte Geißelbrecht die *Prinzessin* sehr häufig mit großem Erfolg; daneben hatte er aber auch Stücke von anderen Autoren der Romantik im Repertoire, die für das Marionettentheater geschrieben haben.

Dass Geißelbrecht noch weitere moderne Stücke in seinem Programm hatte, beweisen seine Theaterzettel in der Stadtbibliothek Nürnberg von 1796/97, die Ankündigungen seiner Auftritte in Husum 1817, die Theaterzettel in Güstrow und der 1825 in Frankfurt am Main mitgeteilte Spielplan zur Herbstmesse. In Nürnberg zeigte er neben Schattenspielen und traditionellen Stücken wie *Judith und Holofernes* und *Genovefa* zeitgenössische Komödien; in Husum führte er neben dem *Doktor Faust* auch *Die goldene Urne im Zauberthal. Komische Oper in 4 Aufzügen* und von Falk *Die Belagerung von Schmarkant* (wohl in satirischer Absicht für »Samarkant«) mit »Kunstfiguren« auf.

Mit den Stücken von Mahlmann und Falk hob sich Geißelbrecht deutlich von anderen Vertretern seiner Zunft ab: Hiermit hatte er eine Ebene zeitgenössischer Unterhaltungskultur erreicht, wie man sie zu dieser Zeit auf Marionettentheatern sonst nicht fand. Die traditionellen Marionettenstoffe dagegen traten am Ende seiner Laufbahn immer weiter in den Hintergrund – obwohl die Spiele vom *Doktor Faust*, von *Genovefa* und von *Don Juan* weiterhin feste Bestandteile seines Repertoires blieben.

Außer zwei *Faust*-Manuskripten sind uns von den anonymen Stücken Geißelbrechts zumindest einige Textbeispiele überliefert, in einem ausführlichen Bericht aus Frankfurt von der Herbstmesse aus dem Jahr 1825. Danach handelt es sich bei dem Knittelversdrama *Das Orakel in Thessalien* um eine sprachlich durchaus anspruchsvolle Parodie auf die ältere Haupt- und Staatsaktion von *Herkules und Alceste*, in der Casperl, wie der alte Hanswurst nun heißt, alle Helden und ihr Pathos verspottet und selbst gegen höllische Mächte mit Hilfe von Wortspielen, aber auch durch Dreinschlagen sich selbst rettet und die Oberhand behalten kann. Am Schluss der Komödie tritt Caspar vor das Publikum und verkündet:

> Das Schauspiel ist vorbei, der letzte Act ist aus,
> Und die ein'n Liebsten hat, die nehm ihn mit nach Haus,
> Die aber keinen hat und kein'n bekommen kann,
> Die komm zum Caspar 'rauf, so hat sie 'n hölzernen Mann.[45]

Oftmals kündigte Geißelbrecht auch ein »Physikalisches Feuerwerk« an, »welches nicht den geringsten Geruch oder Rauch verursachet« (so auf seinem Theaterzettel vom 4. Januar 1797). Er zeigte das Brustbild Erzherzog Karls »in schönem Goldfeuer« und, am 19. Januar, das Bild Albrecht Dürers. Der Zettel vom 11. Januar stellt das »Feuerwerk« geradezu in den Mittelpunkt der Ankündigung:

> Hierauf folgt: Das physikalische Feuerwerk. worinnen er vorstellen wird: den sogenannten schönen Brunnen in Nürnberg; welcher mit der Zeit soll hier aufgerichtet werden. Da vielleicht viele tausend Menschen hier sind, die dieses schöne Kunstwerk noch nicht gesehen haben, noch viel wenigeer in seinem vollen Gange sehen können, so habe [ich] mir alle Mühe gegeben, dieses vortrefliche Kunstwasserwerk in seinem wahren Lichte darzustellen, um das Wasser aus allen Röhren, so wie es sein werden soll, hervorsprudeln zu lassen. Da ich schon einige Versuche nicht ganz ohne gnädigen Beyfall damit gemacht, so schmeichle [ich] mir auch damit meine gnädige und geneigte Gönner zu unterhalten, und bitte um zahlreichen Zuspruch.

Diese Art von Vorführung hat Geißelbrecht in Nürnberg noch mehrfach wiederholt, er hat auch das Straßburger Münster als Feuerwerk gezeigt und ein paar Jahre später in Frankfurt ebenfalls Feuerwerke angekündigt. Das Interesse des Publikums, grelle farbige Bilder, Lichteffekte und dergleichen spektakuläre optische Reize zu sehen, bewegte die mechanisch begabten Prinzipale zu immer neuen Erfindungen. Sehr beliebt waren auch die sogenannten »Metamorphosen«, also kompliziert gebaute Marionetten, die sich während der Vorführung verwandelten. Geißelbrecht kündigt eine solche Darbietung auf seinem Theaterzettel vom 5. Januar 1797 so an:

> Dann folgt ein schöner Tanz, worinnen verschiedene Metamorphosen zum Vorschein kommen; unter andern wird eine Figur als Grenadier erscheinen, welche Arme und Füße wegwirft, aus denen wiederum kleine Figuren entstehen; der Körper aber sich in ein Krokotill verwandelt und die kleinen Figuren augenblicklich verzehrt.

Bei all dem blieben aber die Vorstellungen mit Marionetten das Hauptgeschäft; Geißelbrecht kündigte seine Stücke mit dem Hinweis auf seine »wohlgekleideten Kunstfiguren«[46] oder »mechanische Kunstfiguren«[47] an. Er nutzte als Werbeträger die überall regional erscheinenden Anzeigen- oder Wochenblätter, in denen er seine Ankunft ankündigte.

Über die Einzelheiten, also das jeweilige Stück, den Spielort, die Anfangszeiten und den Eintrittspreis, informierten die Theaterzettel, die zu jedem Stück neu gedruckt und im Spielort verteilt oder angeschlagen wurden. Die Zettel wurden von einer Druckerei am Spielort hergestellt; der Drucker behielt den einmal gesetzten Rahmen jeweils bei und setzte lediglich das veränderte Datum und die Titel nebst Ankündigung neu. In der Regel wurde zweimal, am späten Nachmittag und am Abend, gespielt; die Preise unterschieden sich nach erstem, zweitem und drittem Platz. Standespersonen zahlten »nach Belieben«. Durch die erhaltenen Theaterzettel (siebenunddreißig in Nürnberg, drei in Frankfurt am Main, fünfzehn in

Güstrow) und aus der Erwähnung der Stücktitel in Zeitungen können wir uns ein gutes Bild über das Repertoire der Bühne machen.

Insgesamt lassen sich über siebzig Titel rekonstruieren (im einzelnen sind sie in der folgenden Liste aufgeführt). Vermutlich müssen wir noch einige hinzudenken, deren Titel uns nicht überliefert sind. Das ist eine sehr große Zahl; auch wenn man berücksichtigt, dass Geißelbrecht nicht alle Stücke zur gleichen Zeit gespielt haben kann, so war sein jeweils aktuelles Repertoire dennoch beachtlich. In Nürnberg hat er 1796/97 dreiunddreißig verschiedene Stücke gespielt, in Güstrow fünfundzwanzig und in Frankfurt am Main 1825 immerhin noch achtzehn.

Diese Zahlen lassen sich durchaus mit denen vergleichen, die wir von den Wanderkomödianten aus dem achtzehnten Jahrhundert kennen. Während in der Zeit vor 1800 einfache Komödien und Stücke nach alten Haupt- und Staatsaktionen gegeben wurden, begann Geißelbrecht nach seinem Aufenthalt in Weimar (1804), auch moderne Stücke, die direkt für das Marionettentheater geschrieben worden waren, in seinen Spielplan aufzunehmen. Johannes Richter listet in seiner Repertoireübersicht fünfundsiebzig Stücke für das Marionettentheater, sechzehn Personenstücke, fünfzehn Schattenspiele und fünf verschiedene Motiv-Feuerwerke auf – das sind zusammen immerhin einhundertelf Stücke.

Noch einmal entfaltet sich in diesen Marionettenstücken der ganze Pomp und Zauber des vorbürgerlichen Theaters; und wir können uns gut vorstellen, wie der Mechanikus und seine Gehilfen das Spiel der bunten Akteure durch Feuer, Rauch und Lärm zu einem für die Zuschauer außerordentlich genussvollen Spektakel gestaltet haben.

Geißelbrechts Puppenspiel-Repertoire – ein Überblick

Alzeste, oder: Der höllenstürmende Herkules (später u. d. T.: Das Orakel in Thessalien)
Der geplünderte Bajazzo
Bajazzo als Hofmeister, oder: Die ungleichen Brüder
Bajazzo unter den Mohren
Die Belagerung von Bethulia, oder: Judith und Holofernes
Die Belagerung von Hanau, oder: Der dreizehnte Juni
Die Belagerung von Schmarkant
Der betrogene Alte, oder: Der verzweifelte Liebhaber
Die ungleichen Brüder
Casper als Advokat, Kläger und Richter zugleich
Casper als Pillendoktor
Casper vor der Fronte
Der Doktor Faust (auch u. d. T.: Fausts Höllenfahrt)
Der Doktor nolens volens
Die gute Frau im Walde, oder: Die Bärenhöhle
Don Juan, oder: Der steinerne Gast (auch u. d. T.: Das steinerne Gastmahl)
Jupiter und die beiden Hanswürste, oder: Das philosophische Ich und Nicht Ich, das sich selbst durchprügelt
Die galante Engländerin, oder: Wer Glück hat, führt die Braut nach Hauß
Faustina, das Kind der Hölle
Die Galeerensklaven (von Falbaire)
Der hungrige Gast im leeren Wirtshause
Gerechtigkeit und Rache, oder: Die komische Enthauptung Hamann und Esther
Hanßel und Gretel, oder: Der lächerliche Hullas
Harlekin der Eheflicker (von Mahlmann)
Der zärtliche Hauß-Vater, oder: Die ungleichen Schwestern
Der Held auf der Flucht, oder: Der Teufel im Kochtopf
Herodes von Bethlehem (von Mahlmann)
Der sogenannte bairische Hießet, oder: Die Wildschützen
Joseph in Egypten
Der Höllenstürmer

Frau Mariandel, oder: Die natürliche Zauberei
Der Jude in der Tonne
König Violon und Prinzessin Clarinette (von Mahlmann)
Die Liebe auf dem Lande
Die in Liebe rasende Königin Selinora, oder:
Der verunglückte Graf Alferino
Der dreifache Liebesmord
Das schöne Lieschen
Die Matrone von Ephesus (von Voß)
Megära, die fürchterliche Hexe
Das schöne Müllers-Mädchen, oder: Die Liebe im Sack
(auch u. d. T.: Die komische Entführung)
Der Pantoffel
Der Prinz als Zeisig
Die Prinzessin mit dem Schweinerüssel (von Falk)
Rosimunde, oder: Die in Hirtenkleider verstellten
Königs-Kinder
Der Schiffbruch, oder: Der Bräutigam ohne Braut
(später u. d. T.: Casper und Schiffbruch)
Schinderhannes, oder: Der große Räuber am Rhein
Die Schmarotzer
Der Schulze und sein Knecht, oder: Wer ist nun betrogen?
Siegfried und Genovefa, oder: Die Unschuld in der
Bärenhöhle (auch u. d. T.: Die Pfalzgräfin von Trier)
Simon Lämmchen, oder: Hannswurst und seine Familie
(von Mahlmann)
So prellt man alte Füchse
Die Stärke der väterlichen Liebe
Der lächerliche Sternenseher
Die zärtliche Stiefmutter
Der weibliche Teufel
Die goldene Tine
Trau, Schau, Wem! oder: Die komische Trauer
(von Brandes)
Die belohnte Tugend
Unser Verkehr (von Sessa)
Die goldene Urne im Zauberthal (auch: In der Zauberhöhle)

Ulysses von Ithaka, oder: Siegeszug nach Troja und die Rückkehr
Zelu, das blaue Ungeheuer
Der verlohrene Sohn
Die Verwirrung aller Verwirrungen
Die komische Verwirrung, oder: Casper als Regent
Das grüne Vögelchen (von Gozzi)
Christoph Wagner, gewesener Famulus beim Doktor Faust
Die verwandelten Weiber
Wer ist nun betrogen? oder: Einer ist über den andern
Die Wolfsschlucht

2. Geißelbrecht und sein Ensemble

Aus einem Gespräch, das ein für das Marionettentheater begeisterter Journalist 1825 in Frankfurt mit dem damals bereits zweiundsechzigjährigen Geißelbrecht führte, erfahren wir, dass eine ganze Anzahl von Personen zu seiner Truppe gehörte.[48] Neben der Ehefrau begleiteten ihn drei erwachsene Kinder; das Orchester bestand aus sieben Personen, dazu kamen noch mindestens zwei Hilfskräfte, die wohl für den technischen Ablauf der Aufführungen verantwortlich waren.[49] Diese Personengruppe wurde noch um einige Schauspieler erweitert, wenn die Gruppe neben den Stücken mit mechanischen Figuren auch Nachspiele mit menschlichen Akteuren gab.

Diese Praxis, von der bisher im Zusammenhang mit Geißelbrecht nichts bekannt war, wird von dem Prinzipal in dem schon erwähnten Frankfurter Gespräch negativ beurteilt, wenn er die Marionetten als »kleine friedliche Truppe« gegen die »großen Gruppen unfriedlicher Natur« abgrenzt, die ihm viel Verdruss und Ärger eingebracht haben. Geißelbrecht stellt sich als ein von der Welt verführter Puppenspieler dar, der gegen seinen Willen Schauspieldirektor habe werden müssen. Ganz so gegen seinen Willen scheint er diese zusätzliche Tätigkeit aber nicht ausgeführt zu haben, denn wir erfahren nicht nur von seinen diesbezüglichen Aktivitäten in Schleswig-Holstein und Dänemark, wo er 1816 eine Konzession für Marionettenspiele und »kleine persönliche Vorstellungen«[50] erhalten hatte und in Städten wie Hadersleben[51] und Husum[52] Nachspiele »mit Personen« gab, sondern auch aus dem an dieselbe dänische Behörde gerichteten Gesuch von 1826.[53] Also hat Geißelbrecht nur ein Jahr nach dieser negativen Äußerung erneut geplant, Nachspiele »mit Personen« zu geben.

Es fällt auf, dass solche Nachrichten über das Engagement auf der Menschenbühne nur von der Tätigkeit Geißelbrechts im Norden Deutschlands bekannt sind; in Mittel- und Süddeutschland hat er offenbar nur mit Figuren gespielt. Einer Theaterkritik aus der Zeit des Aufenthalts in Hadersleben[54] können wir die Anzahl der mitreisenden Schauspieler entnehmen; es waren mit Geißelbrecht fünf Personen, darunter Sohn, Tochter und Schwiegersohn, ein Herr Müller, der sich später von Geißelbrechts Truppe trennte und als Schauspieldirektor gemeinsam mit seiner Frau im Norden Deutschlands wirkte. Nachkommen dieser Verbindung haben später in Hamburg Theater gespielt. Ein anderer Sohn wirkte im Norden als Musikdirektor.[55]

Man gab im Anschluss an die Marionettenvorführungen einaktige Lustspiele zeitgenössischer Autoren wie Michaelsen, Schröder und Kotzebue, so *Die Banditenbraut*, *Clara von Hoheneichen*, *Die Hussiten vor Naumburg* und *Der Schulmeister von Bocksdorf* in Hadersleben sowie *Jeder fege vor seiner Thür*, *Das Strudelköpfchen* und *Der Kater und der Rosenstock* in Husum. In Güstrow wurde eine ganze Reihe solcher Lustspiele gegeben:

Die Abendstunde (Drama von Kotzebue)
Die Banditenbraut
Die beiden Billets (Lustspiel von Anton Wall)
Clara von Hoheneichen
Der französische Flüchtling und der deutsche Biedermann (Schauspiel von Kotzebue)
Der Freimaurer (Lustspiel von Kotzebue)
Der häusliche Zwist (Lustspiel von Kotzebue)

Die Hussiten von Naumburg
Jeder fege vor seiner Thüre
Der Kater und der Rosenstock
Der lächerliche Hoftrauer
Der Schulmeister von Bocksdorf (Komisches Singspiel)
Das Strudelköpfchen
Der Vetter aus Bremen oder Die drei Schulmeister
(Lustspiel von Theodor Körner)
Wer weiß, wozu das gut ist? (Posse von Kotzebue)
Die Zerstreuten (Lustspiel von Kotzebue)

Dass es sich dabei nicht bloß um unerhebliches Beiwerk gehandelt haben kann, belegen die positiven Kritiken aus Hadersleben, wo sogar versucht wurde, die Truppe durch eine Abonnements-Subskription zu einem längeren Aufenthalt zu bewegen, was aber an zu geringem Interesse der Haderslebener Bürger scheiterte. Man forderte die Truppe sogar auf, »die größeren classischen Werke für die deutsche Bühne« darzustellen.[56] Insgesamt muss es sich um eine zehn bis fünfzehn Köpfe umfassende Gesellschaft gehandelt haben; ein bedeutender Aufwand, der sich nur dann gelohnt haben kann, wenn auch fleißig Aufführungen gegeben wurden.

Die Aufenthaltsdauer in den verschiedenen Orten schwankt; sie reicht von wenigen Tagen bis zu mehreren Monaten. Wenn genügend Publikum kam, versuchte die Gesellschaft, so lange wie möglich an einem Ort zu spielen. In Nürnberg hielt sich Geißelbrecht 1796/97 zehn Wochen auf, in Weimar spielte er 1804 vier Wochen, in Erfurt ebenfalls mehrere Wochen, in Hadersleben 1816/17 sogar drei Monate, im Mai 1820 in Güstrow und auf der Frankfurter Herbstmesse 1825 etwa drei Wochen. Dabei kam es auch zu Wiederholungen von einzelnen Stücken, die als vielfacher Wunsch des Publikums angekündigt wurden.

Ein Problem bestand für jeden Marionettenspieler wie schon für die früheren Wanderschauspieler aber darin, für wie lange Zeit das Repertoire reichte. Wenn zu früh Wiederholungen angekündigt wurden, erlahmte das Interesse des Publikums schnell. Ein Theaterprinzipal musste also ein breites Repertoire anzubieten haben und dessen Reiz zusätzlich durch spektakuläre Ankündigungen bei den potenziellen Zuschauern erhöhen. Besonderen Zulauf des Publikums versprachen die oben schon erwähnten spektakulären optischen Präsentationen, weshalb Geißelbrecht immer wieder thematische Feuerwerke veranstaltete, die nach den Marionettendarbietungen abgebrannt wurden.

Besonderen Zulauf versprachen, auch dank ihrer exotischen Neuheit, die »Ombres Chinoises« – also Spiele mit schwarzen Schatten, die seit der Mitte des achtzehnten Jahrhunderts das zunehmende Bedürfnis des Publikums nach neuen optischen Reizen befriedigten. Geißelbrecht zählte zu den Prinzipalen, durch deren Wirken die Schattenspiele im deutschen Sprachraum überhaupt erst populär wurden. Er zeigte seine »Chinesischen Schatten« als Vor- und Nachspiele der Marionetten-Aufführungen, die noch immer die Hauptattraktion seiner Bühne bildeten.

Aber wie sahen diese »Ombres Chinoises« eigentlich aus, und wie verlief die Karriere dieser heute vergessenen Puppenspiel-Form in Deutschland? Diese Frage verdient eine ausführlichere Antwort.

3. »Ombres Chinoises«: Das Schattenspiel in Deutschland

Herkunft und erstes Auftreten

Da das Schattentheater nicht sporadisch auftritt, sondern auf einem zusammenhängenden Ländergebiet in Asien, Afrika und Europa und sich die Wanderung von einem östlichen Zentrum aus vielfach chronologisch verfolgen läßt, wird auch das abendländische Schattenspiel auf den Orient zurückgehen, [...]. Das Abendland kennt keine farbigen Schattenfiguren, sondern arbeitet nur mit Silhouetten; auch die Silhouettenkunst weist nach dem Orient.[57]

Handpuppen sind in Deutschland seit dem zwölften Jahrhundert, Marionetten seit dem siebzehnten Jahrhundert nachgewiesen; bereits vor dieser Zeit standen beide Figurenformen im indisch-chinesischen Kulturraum in hoher Blüte. Für das Marionettenspiel und das Schattenspiel setzen die europäischen Belege gleichzeitig in der Wende vom sechzehnten zum siebzehnten Jahrhundert ein. Beide sind aus Italien nach Mittel- und Nordeuropa gebracht worden. Auch in Deutschland sind die ersten Schattenspieler Italiener, deren Vorführungen bis ins achtzehnte Jahrhundert hinein meist als »Italienische Schatten« bezeichnet werden. Bei den frühen Belegen ist nicht immer klar, ob es sich um Schattentheater mit menschlichen Silhouetten, Figuren oder um Projektionen einer Laterna Magica handelt, deren Technik seit 1420 bekannt sein dürfte; die unterschiedlichen Techniken können auch gemeinsam verwendet worden sein. Die älteste bekannte Silhouette stammt aus Tübingen aus dem Jahr 1631; Nachrichten von Schattentheater-Aufführungen haben wir erst etwa fünfzig Jahre später.

Das indisch-chinesische Schattentheater war in Europa nur vom Hörensagen bekannt, die Übermittlung muss indirekt erfolgt sein, weil die als »Ombres Chinoises« bezeichneten europäischen Figuren schwarze Silhouetten sind. Den europäischen Nachahmern war also unbekannt geblieben – originale Figuren wurden erst im neunzehnten Jahrhundert zu uns gebracht –, dass die asiatischen Schatten zumeist aus transparenten Tierhäuten (also aus Pergament) gefertigt und bunt bemalt waren. Sie eignen sich dazu, farbige Schatten zu produzieren, während die nachgeahmten Figuren der Europäer nur schwarze Silhouetten auf dem Schirm zeigten. Allerdings wiesen die aus Stoff gefertigten Schirme, auf die man die Schatten projizierte, transparente Gemälde auf, die auch farbig gestaltet waren.

Der Begriff »Ombres Chinoises« entstand in der Mitte des achtzehnten Jahrhunderts in Frankreich durch die Bühne Dominique Séraphins im Palais Royal in Paris und löste in den nächsten Jahrzehnten die alte Bezeichnung »Italienische Schatten« in Deutschland ab. Hier ist der neue Name seit 1780 belegt und wird bis weit ins neunzehnte Jahrhundert als Synonym für das Schattenspiel mit farblosen Silhouetten-Figuren verwendet.

»Ombres Chinoises« wurden, bei Geißelbrecht wie bei den meisten anderen Puppenspielern, gerne als Vor- oder Zwischenspiele von Marionettenspielen gezeigt, manchmal auch als Nachspiele neben den Darbietungen der schon erwähnten »Metamorphosen«. Es gab aber auch Truppen, die ausschließlich Schattenspiele vorführten.

Zur Technik der Schattenspiele

Die Figuren waren aus Pappe oder Blech geschnitten und mit beweglichen Gliedmaßen versehen, an denen Drähte befestigt waren. Sie hatten eine Höhe von etwa dreißig Zentimetern. Nach den Beschreibungen von Halle und von Geißelbrecht wurden auf Holzrahmen aufgespannte »ombres chinoises Präsentationen« verwendet, das sind Leinwandstücke, die farbig bemalt waren. Dargestellt wurden Landschaften, Architekturen und Zimmerinnenansichten; Stellen, auf denen Dekorationsteile angebracht werden sollten, blieben unbemalt. Auf diese weiß gelassenen Plätze wurden die Dekorationsteile, die wie die Figuren wohl aus schwarzer Pappe hergestellt wurden, dann aufgeklebt oder genäht.

Die Figuren selbst wurden nun von hinten an die mit Leinöl getränkten Leinwände gedrückt, die ihrerseits genau in den Prospektausschnitt passten. Bei Szenenwechsel wurde die gesamte »ombres chinoises Präsentation« mitsamt den angenähten Dekorationsteilen komplett ausgetauscht.

Geißelbrechts »Ombres Chinoises«

In der ersten Phase seines Wirkens als Marionettenspieler war Geißelbrecht vor allem wegen seiner »Ombres Chinoises« berühmt, die den Marionettenspielen vorangestellt wurden. Seine

Nürnberger Spielkonzession hatte Geißelbrecht 1796/97 nur für derartige Schattenspiele eingeholt. Erst zögernd hatte er dann auch die kleineren Marionettenspiele angeschlossen, die später in den Vordergrund rückten.

Als der Mechanikus Geißelbrecht im Jahre 1796 beim Rat der Stadt Nürnberg um eine Genehmigung nachgesucht hatte, dort »Chinesische Schattenspiele« – und nicht etwa die wegen ihrer satirischen Derbheit als verdächtig geltenden Marionetten – »produciren zu dürfen«, hatte er erst beim zweiten Anlauf Erfolg. Obwohl ihm dieses Privileg noch am 28. Juli versagt worden war, bewilligte ihm die hohe Behörde nur vier Monate später eine Spielerlaubnis, unbestimmt befristet »auf einige Tage«. Von Ende November bis zum 20. Dezember sind nicht weniger als vierzehn Theaterzettel überliefert, auf denen Geißelbrecht seine »Ombres Chinoises« ankündigt. Die an jede Vorstellung anschließende Aufführung mit Marionetten tritt in den Hintergrund und wird nur nebenher erwähnt. Das ändert sich schlagartig wenige Tage vor dem Weihnachtsfest, am 21. Dezember, als der Theater-Prinzipal vielleicht unter dem Eindruck der bevorstehenden Festtage seine Zurückhaltung aufgibt und sein eigentliches Metier in den Vordergrund stellt. Von nun an erscheinen auf den Theaterzetteln die Schatten nur noch als Nachspiel zu den eigentlichen Aufführungen mit »großen wohlgekleideten Figuren«. Als die Geschäfte in Nürnberg um die Weihnachtstage 1796 offenbar gut angelaufen waren, konnte Geißelbrecht es wagen, trotz seiner nur für Chinesische Schatten erteilten Konzession auch die ungemein populären Marionettenspiele aufzuführen. Sie wurden nun auf den Theaterzetteln an erster Stelle genannt, die »Ombres Chinoises« hingegen traten in den Hintergrund und wurden zu bloßen Nachspielen.

Der Mechanikus wusste sehr genau, warum er seine eigentliche Profession zuerst so auffällig im Schatten der chinesischen Spiele versteckte. Die Obrigkeit war nämlich nur ungern bereit, Marionettenspieler zu privilegieren; man vermutete schon Ungehöriges, Gotteslästerliches und Unmoralisches, sobald die Puppen auch nur ausgepackt wurden. Die Schattenspiele, die man für den Ausdruck einer aristokratischen fernöstlichen Kultur hielt, waren da schon unverfänglicher – durften sie doch sogar bei Hofe aufgeführt werden.

Geißelbrecht nutzte Hoffähigkeit und Popularität der Schatten gleichermaßen und zeigte seine »Ombres Chinoises« bei allen Gastspielen, die ihn zunächst durch Süddeutschland, später nach Nord-, Mittel- und Ostdeutschland führten. Die erhaltenen Theaterzettel sowie seine Anzeigen in Tageszeitungen und Wochenblättern machen anschaulich, welche Themen sich dazu eigneten. Der Mechanikus führte seinen Zuschauern Seestürme »mit Donner, Blitz und Regen« vor, ließ Drachen und Zauberer auftreten, zeigte Erntefeste, Hirsch- und Adlerjagden, wilde Tiere, Architekturen, Jahrmarktszenen, Märchen- und Fabelwesen sowie Genrebilder mit komischen Nachtwächtern, Hühnerdieben und dummen Fischern. Und er kündigte spektakulär an:

> Tänzer und Tänzerinnen, welche bald auf dem gespannten Sail, bald auf dem Parterre verschiedene Touren und Kunststücke machen. Ferner: einen Thiergarten worinnen alle Thiere laufen gehen kriegen und fliegen, ihre ganz natürliche Bewegung machen.

Aus der Zeit zwischen Sommer 1804 und Sommer 1811 sind zweiundzwanzig Briefe Geißelbrechts an Johann Daniel Falk erhalten, die vielfältige Einblicke in den Alltag einer reisenden Marionettenbühne erlauben. In einigen dieser Briefe erläutert Geißelbrecht auch die Herstellung und die Spieltechnik seiner »Ombres Chinoises«. Als Falk dem Mechanikus im August 1805 das für dessen Marionettenbühne nach einer alten thüringischen Volkssage geschriebene Stück *Unser Herr und der Schmidt von Apolda* zuschickte, bedankte sich Geißelbrecht damit, dass er dem Autor ein Schattenspiel in der Art seiner »Ombres Chinoises« anfertigte und nach Weimar expedierte. Aus seinem Brief geht detailgenau hervor, wie die damaligen Schattenspiele ausgesehen haben und wie sie hergestellt wurden.

Dass Geißelbrecht nicht bloß aus Stoff gefertigte Schattenfiguren verwendete, zeigt ein weiteres Schreiben an Falk, in dem er mit Datum vom 4. Mai 1811 eine »Entenjagd« und eine »Sonne« ankündigt. Der Paketbegleitbrief trägt folgende Aufschrift: »Hiebey ein Paquet mit Musikal[ien] und eine runde Schachtel mit einer Maschiene, von Blech.«

Sechs Jahre später schickte der Mechanikus noch einmal eine Gruppe von Schattenspielen an Falk, diesmal aus Berlin, wo er 1811 mit großem Erfolg gastierte. Sein Brief enthält Anweisungen, wie mit den »Ombres Chinoises« gespielt werden muss, wenn die beim Publikum beliebten Effekte erzielt werden sollen. Wir erhalten so neben den Informationen über die Materialien und die Anordnung der Figuren auch Hinweise darauf, wie die Schattenspielfiguren hinter dem Schirm geführt worden sind.

> Hier übersende Ihnen versprochener Maaßen, den Seesturm nebst Musik. […] No 1 komt zuerst mit vollen Seegeln, dann folgt No 2. Diese beiden Schiffe können ettliche mal übern Spiegel geführt werden. Dann wird etwas dunkel gemacht, man siht zuweilen einen Bliz nach beschriebener Weise. Dann komt No 3. Man siht wie der Sturmwind die Seegelthau zerrissen, und solche hoch in der Luft herum flattern. Dann kann der Wallfisch in die Höhe kommen, das Maul aufsperren. auch die andern Fische. Dann folgt der volle Sturm, mit Regen und Donner begleitet. Darauf kommt das zerrüttete Schif No 4. Ein Bliz und Schlag muß zugleich geschehen, mit der linken Hand wird das Schiff geführt, mit der rechten der Faden an der Schließe gezogen, wodurch der Mast abfällt. Und das Schif sinkt. Das Männchen No 5 Schwimmt eine Zeitlang herum und sinkt endlich nieder. Dann No 6. Dieser Rudert in seinem Kahn sehr eifrig, bis er entweder Untergeht oder man läßt ihn abrudern, das ist willkührlich. Darauf komt der Wallfisch und frißt die kleinen Fische, läßt sie auch zuweilen von hinten wieder abgehn. Beym Letzten drükt er etwas Lange. Dann wirds Hell und die ersten Schiffe fahren wieder umher.

Aus der Zeit nach dem Jahr 1820 haben sich keine Dokumente mehr erhalten, die belegen, dass Geißelbrecht noch »Ombres Chinoises« gezeigt hätte.

Neben Geißelbrecht hat es eine große Anzahl weiterer fahrender Puppenspieler gegeben, die sich die Popularität der chinesischen Schatten zunutze machten; von ihnen ist nur wenig bekannt. Mit Geißelbrecht tritt allerdings ein Mechanikus aus der Anonymität heraus, an dessen Wirken exemplarisch die große Bedeutung gezeigt werden kann, die das Schattenspiel in den Jahrzehnten um 1800 für die theatralische Kultur der Jahrmärkte hatte.

Nachleben: Das Schattenspiel in der deutschen Literatur

Gerade der Umstand, dass Darbietungen von Gauklern und »fahrendem Volk« um die Mitte des achtzehnten Jahrhunderts bei Adel und gebildeten Bürgern generell als »roh«, unanständig und künstlerisch bedeutungslos galten, brachte ihnen in der Zeit des »Sturm und Drang« ein neues Interesse ein. Gegen Ende des achtzehnten Jahrhunderts begann sich vor allem unter den jungen Autoren dieser Bewegung ein Interesse an volkstümlichen Stoffen und Überlieferungen zu bilden – auch bei ihrem größten Genie.

Johann Wolfgang Goethe, der gerne die Belustigungen der Jahrmärkte aufsuchte, hat im März und im April 1773 in Frankfurt am Main die Darbietungen eines Schattenspielers gesehen; seine Eindrücke hat er im *Jahrmarktsfest zu Plundersweilern* verarbeitet, wo er auch einen Schattenspieler auftreten lässt. Sein Vorbild war möglicherweise ein Italiener oder Franzose, den er als junger Mann in seiner Heimatstadt Frankfurt am Main gesehen hatte. Schattenspiele wurden auch vor der Weimarer Hofgesellschaft aufgeführt, wobei teilweise Schauspieler hinter Schirmen agierten. Auch war ja die Kunst des Silhouettenschneidens, wie Lavater sie im Zusammenhang mit seinen neuartigen physiognomischen Studien betrieb und propagierte, im Kreis um Goethe sehr beliebt – eine auf andere Ziele gerichtete, in den handwerklichen Verfahren aber durchaus ähnliche Kunst, die das Interesse am Schattenspiel begünstigt haben dürfte. So führte denn auch Falk selber in Weimar episodenhafte Spielszenen unter anderem aus Goethes *Faust* auf, und er benutzte dabei wahrscheinlich ebenjene »Ombres Chinoises«, die Geißelbrecht für ihn angefertigt hatte.

Wie die Stürmer und Dränger, so beschäftigten sich auch die an allen Arten volkstümlicher Überlieferung interessierten Romantiker mit dem Schattenspiel. Der schwäbische Dichter Justinus Kerner (1786-1862) hatte dieses Genre bereits 1809 bei der Aufführung einer reisenden Truppe in Tübingen kennengelernt. Nach seiner Studienreise durch Deutschland schrieb er 1810 dann selbst ein »chinesisches« Schattenspiel unter dem Titel *Eginhard*. Es ist das erste seiner Art, das eine wirklich geschlossene, ›aristotelische‹ Handlungsführung aufweist. Um dieselbe Zeit wurde auch Achim von Arnim (1781-1831) im Hause von Falk mit dem Schattentheater bekannt. Für sein Spiel *Das Loch* wählte Arnim Motive aus dem Volksbuch *Sieben weise Meister* aus dem fünfzehnten Jahrhundert und schrieb ein allegorisches Spiel von der Herrschaft auf Erden und dem Ende aller Zeiten. Und auch im Hause seines romantischen Dichterfreundes Clemens Brentano und seiner Familie wurde das Schattenspiel zu verschiedenen gesellschaftlichen Anlässen gepflegt. Clemens und sein Bruder Christian verfassten dafür selbst kurze Szenen, die anlässlich einer Geburtstagsfeier aufgeführt wurden, aber erst später – und nur unvollständig – im Druck erschienen sind. Auch führte man hier Arnims *Das Loch* im privaten Kreise auf. Später haben sich Eduard Mörike und natürlich Franz Graf Pocci mit dem Schattentheater beschäftigt.

Neben den Jahrmarkttheatern hatte bereits im letzten Jahrzehnt des achtzehnten Jahrhunderts François Seraphin in Paris ein stehendes Schattentheater betrieben. Versuche, auch in Weimar eine feste Bühne für das Puppenspiel zu gründen, wurden durch die Wirren der napoleonischen Kriege verhindert.

Dennoch erlebte das Schattenspiel im späteren Verlauf des neunzehnten Jahrhunderts noch einmal einen Aufschwung: als es nämlich als neues Spielzeug in die Wohnzimmer und Kinderstuben des gebildeten Bürgertums Einzug hielt. Für den Preis weniger Pfennige kamen eine Fülle an Ausschnittbögen auf den Markt, aus denen man mit Schere und Kleister kleine Schattentheater bauen konnte. Die Aufführungen fanden im Familienkreise statt und waren von dilettantischem Charakter.

Vom Schattenspiel zum Film

Unter diesen gewandelten Umständen konnte sich das wandernde Schaustellergewerbe nach der Mitte des neunzehnten Jahrhunderts nur noch schwer gegen die Konkurrenz der massenhaft fabrizierten neuen Bildmedien behaupten. Als in den Jahrzehnten vor der Jahrhundertwende nach neuen visuellen Ausdrucksformen gesucht wurde, feierte das Theater »Le Chat Noir« in Paris große Erfolge, da hier die Möglichkeiten des Schattentheaters weiterentwickelt und künstlerisch auf neuem Niveau ausgestaltet wurden.

Die Erfindung der bewegten Filmbilder durch die Gebrüder Lumière, die 1895 den ersten Kinematographen entwickelten und ihn am 28. Dezember in Paris erstmals öffentlich vorführten, bedeutete das Ende des Schattentheaters. Denn das neue Medium war in seiner Wirkung auf den Zuschauer dem alten mit seinen fast starren Projektionen unvergleichlich überlegen.

Im zwanzigsten Jahrhundert lebt die Technik des Schattentheaters trotz seiner poetischen Ausdruckskraft, die diejenige des Films übertrifft, lediglich in vereinzelten und ambitionierten künstlerischen Versuchen weiter, nicht in der Popularkultur, aus der es gekommen und für die es gemacht war. In verschiedenen modernen Versionen fügten Schattenspieler sogar, angeleitet durch ethnographische Studien, die ursprüngliche Farbigkeit wieder hinzu, die die Schatten bei ihrer Wanderung von Asien nach Europa im siebzehnten Jahrhundert verloren hatten. Die Notizen des neugierigen jungen Thomas Mann zu den Theaterreformbewegungen des frühen zwanzigsten Jahrhunderts von 1907/08 geben ein anschauliches Bild dieser

Renovierungsbemühungen, die am Ende doch folgenlos blieben.[58] Die alte Massenunterhaltung der Jahrmärkte erwies sich nicht mehr als konkurrenzfähig.

4. Faust nach der Handschrift von Georg Geißelbrecht

Das Interesse der Theaterwissenschaften und der Germanistik am Faust-Stoff war durch die romantische Neugier geweckt worden. Nach Goethes Tod und nach der Veröffentlichung des zweiten Teils seiner *Faust*-Dichtung im Jahre 1832 begann eine Erforschung des bedeutenden Stoffes, die nicht nur die unter dem irreführenden Namen »Urfaust« bekannt gewordene frühe Fassung der Dichtung durch den Literaturhistoriker Erich Schmidt zutage förderte, sondern auch eine lange Tradition von Faust-Dichtungen, die bis ins späte sechzehnte Jahrhundert zurückreicht.

Darunter befinden sich Theaterstücke, die zunächst von wandernden Schauspieltruppen und später von Marionettenbühnen gespielt wurden. Neben den (seit der Wiederentdeckung durch Joseph Görres in der Romantik) sogenannten »Volksbüchern« vom Doktor Faust waren die Spiele der Wanderbühnen die wirkungsmächtigsten Vermittlungsinstanzen des populären Stoffs, der auch nicht Lesefähigen bekannt wurde. Der Einfluss des Puppenspiels auf die Szenenfolge auch des zweiten Teils von Goethes *Faust*-Dichtung ist bis heute von der Faustforschung oft unterschätzt worden.

Die Suche nach einem Spieltext blieb zunächst erfolglos, weil die Prinzipale der Marionettentheater ihre Stücke zu extemporieren pflegten – und weil sie aus Angst vor der Konkurrenz vorsichtshalber oft keine Textbücher benutzten. So konnten in der zweiten Hälfte des neunzehnten Jahrhunderts nur Fragmente, Nachschriften von Aufführungen einiger Marionettenbühnen und späte Fassungen dokumentiert werden, die bereits unter dem Einfluss von Goethes Dichtung entstanden waren.

Dabei haben die Forscher des neunzehnten Jahrhunderts ein Konvolut von etwa fünfzig Handschriften Geißelbrechts übersehen, das dieser im Auftrage Falks zwischen 1804 und 1815 niedergeschrieben hatte. Darunter befinden sich auch Manuskripte des *Faust*-Spiels, wie es Geißelbrecht über mehr als fünfunddreißig Jahre als Zugstück im Repertoire führte.

Unter den 144 Manuskripten der Sammlung »Volkstheater« im Goethe- und Schiller-Archiv Weimar befinden sich fünfundsiebzig Marionettenspiele; ihren Hauptteil (etwa fünfzig Texthefte) bildet das vollständige Repertoire des Marionettenspielers und Theaterprinzipals Geißelbrecht: dreiundzwanzig stammen von Geißelbrechts Hand, an acht davon haben auch andere Schreiber mitgearbeitet, zwanzig weitere wurden von Schreibern zu Papier gebracht, die zu Geißelbrechts Truppe gehörten, drei weitere sind Abschriften von Texten Geißelbrechts; weitere Texte lassen sich den Titeln nach seinem Theater zuordnen. Sie stammen aus den Jahren von 1804 bis etwa 1815, darunter befinden sich auch einige Faustspiele, zum Beispiel zwei vollständige Spieltexte, die Geißelbrecht zwischen Ende 1804 und Herbst 1805 niedergeschrieben hat.

Die hier vorliegende kritische Edition[59] des Geißelbrechtschen Marionetten-Faust folgt der vollständigeren der beiden Handschriften, nämlich No. 10 (Q 68310); in einigen Fällen wurde der Text nach der Handschrift No. 8 (Q 6838) in den Anmerkungen hinzugesetzt. No. 8 weist zusätzlich Notizen von der Hand des Weimarer Publizisten und Pädagogen Johann Daniel Falk auf,[60] auf dessen Veranlassung der Marionettenspieler seine bis dahin nur extemporierten Spieltexte niederschrieb und nach Weimar schickte. Das Manuskript No. 10 ist vom Inhalt bis auf wenige Szenen umfangreicher als No. 8 und muss nach diesem niedergeschrieben worden sein.

In Geißelbrechts Manuskripten besitzen wir das älteste vollständig aufgeschriebene Marionettenspiel vom Doktor Faust und damit auch den frühesten Textzeugen der deutschsprachigen theatralischen Fausttradition; es zeigt uns, in welcher

Gestalt die Wanderbühnen und Marionettentheater die Faust-Komödie im achtzehnten Jahrhundert aufgeführt haben.

Der Abdruck erfolgt nach der Handschrift; Ergänzungen des Herausgebers sind in spitze Klammern gesetzt. Die verderbten lateinischen Sentenzen werden buchstabengetreu nach der Handschrift abgedruckt und in den Anmerkungen richtig wiedergegeben. Im Manuskript sind Groß- und Kleinbuchstaben sowie ss und ß nicht immer zu unterscheiden; in solchen Fällen hat sich der Herausgeber an vergleichbaren Schreibungen orientiert. Der früher übliche Geminationsstrich über dem m (als Verdoppelungszeichen) wird aufgelöst in mm, das gelegentlich noch vorhandene y (z.B. in bey) durch i ersetzt. Wo der Strich (-) die Funktion eines Satzzeichens vertritt, wurde er durch ein entsprechendes Satzzeichen nach der heute üblichen Notierung ersetzt.

Regieanweisungen und Erläuterungen für die Spieler werden in der Handschrift uneinheitlich durch runde Klammern oder Unterstreichungen markiert; sie werden einheitlich durch Kursivdruck, der Name des jeweiligen Sprechers wird durch Zentrierung hervorgehoben, die uneinheitlich gesetzten Punkte bei Überschriften werden fortgelassen.

Für die Abdruckgenehmigung und die freundliche Bereitstellung von Materialien sowie die Erlaubnis, aus bisher unveröffentlichten Briefen zu zitieren, danke ich den Mitarbeitern des Goethe- und Schiller-Archivs in Weimar.

Der hier folgende Puppenspiel-Text wurde zuerst in einem Sammelband zu historischen Faust-Puppenspielen publiziert, der sich an ein Fachpublikum wandte (Günther Mahal, Hg.: *»... aus allen Zipfeln ...«. Faust um 1775. Referate und Zusammenfassungen der Diskussionen des wissenschaftlichen Symposiums am 25./26. September 1999 in Knittlingen.* Knittlingen 1999). Anlässlich dieser Buchausgabe wurde er kritisch durchgesehen, korrigiert und um einige erst nach der ersten Drucklegung bekannt gewordene Fakten ergänzt.

Doctor Faust

Eine alte Volks-Sage, aus den Zeiten des 12ten Jahrhunderts in 5 Aufzügen

Personen

JOHANNES FAUST, Doctor der Theologie, und Professor zu Wittenberg.

CHRISTOPH WAGNER, sein Famulus.

HANNSWURST, ein reisender Bedienter, nachher angenommener Diener bei dem Doctor Faust.

Eine junge Dame, HERZOGIN VON PARMA.

EIN TODTENGERIPPE.

MEFISTOPHELES[61].

AUERHAHN[62]. } Teufel.
ASMOTHEUS[63]. }

VIZLEBUZLE[64].

AUDIUMATGUGULORUM[65].

Erster Act

Erster Auftritt

Zimmer des Doctor Fausts mit allerlei Möbeln die sich zu diesem Stück passen.

FAUST

sitzt hinter dem Tisch, auf welchem einige Bücher aufgeschlagen liegen.

Siste Mortalis, Concuritu Vos; et atentite mecum Veritatum.[66] Stehet stille ihr Sterblichen, und betrachtet mit mir ihr Bürger dieser Stadt, meine sonnenklare Wahrheit, nämlich, daß nichts unter der Sonne, nichts unter dem Horizonte lebt, das sich je schmeicheln könnte, den Zweck seiner Zufriedenheit, vielweniger den seiner Vollkommenheit erreicht zu haben.

Was nuzt es mich, wenn ich auch die Numeröse, oder Menge, der heutigen Herrn Doctores betrachte, so trag ich fast ein Bedenken, diesen Titel länger zu führen, daher bin ich entschloßen, mich der Negromantie[67], oder Schwarzkunst zu widmen, um der Nachwelt, meinen Namen unsterblich zu machen.

EINE STIMME

ruft

Fauste!

Faust sich umsehend.

DIE FEINE STIMME

Verlasse das Studium Negromantikum, und fahre fort in dem Studium Theologikum, so wirst du noch der glücklichste Mensch auf Erden sein.

EINE GROBE STIMME

ruft

Fauste!!

FAUST

erschrocken

He wer ruft mich da?

GROBE STIMME

Verlasse das Studium Theologikum, und erwähle dir das

Studium Negromantikum, so wirst du der glücklichste Mensch auf Erden sein!

FAUST

Was ist das? – Kaum gedenke ich nur daran ein Negromantist zu werden, so lassen sich auch schon zwei Stimmen hören, eine zu meiner Rechten die andere zur Lincken; die erstere räth mir ab, die zweite räth mir zu, was soll ich davon halten? – Ich muß suchen etwas Nähers von beiden Stimmen zu erfahren.

er wendet sich zur rechten Seite

Stimme zur rechten, was bist du? –

FEINE STIMME

Ein Engel des Lichts, der dich will von deinem bösen Vorhaben abwendig machen.

FAUST

Ein Engel des Lichts? – Der mich will von meinem bösen Vorhaben abwendig machen? – Ist denn mein Vorhaben so Böse? – Stimme zur Lincken was bist denn du? –

GROBE STIMME

Ein Geist aus dem plutonischen Reich[68] der dich auf der Obernwelt, will bei allen Menschenkindern beglückt, vollkommen, und angenehm machen.

FAUST

Ein Geist, der mich beglückt vollkommen, und angenehm bei allen Menschenkindern machen will.

1TE STIMME

O weh Faust! – Deine arme Seele ist verloren!

2TE STIMME

lacht gräßlich.

FAUST

Was soll ich davon denken. Die Stimme zur Rechten bewehklagt meinen künftigen Standt, und zur Lincken schlagen mehrere, ein lautes Hohngelächter auf, was soll ich davon denken? Doch ich muß schweigen, denn ich sehe meinen getreuen Diener, meinen Wagner kommen.

Sc⟨ene⟩ 2. Wagner. Voriger.

WAGNER

Euer Magnifizenz! Es befinden sich zwei Herrn Studenten vor der Thür, und verlangen mit euch zu sprechen.

FAUST

Was ist ihr Begehr? –

WAGNER

Sie haben ein Tracktätlein[69], welches sie euch gerne überreichen möchten.

FAUST

Wißt ihr den Inhalt dieses Tracktätleins noch nicht?

WAGNER

Nein ihro Magnifizenz! So viel ich aber gehört, so soll es der Schlüssel zur Negromantie, oder Schwarzkunst sein.

FAUST

Ha! – erwünscht kommt uns dieses Buch, gehet hin, nehmt beide Herrn Studenten mit auf euer Zimmer, tracktiret[70] sie alldorten mit einem guten Glas Wein, wie auch etwas zum Anbiß, saget Ihnen daß ich bald erscheinen werde.

WAGNER

Sogleich Ihro Magnifizenz! bevor ich aber gehe, hätte ich noch eine Bitte an euch zu wagen.

FAUST

Was verlanget denn mein treuer Famulus?

WAGNER

Dieses wäre mein Ansuchen, daß wir noch einen Menschen in unsere Dienste dürften nehmen damit ich in meinen Studirstunden, nicht so oft unterbrochen würde. –

FAUST

Wohl! Das soll euch erlaubt werden, aber nehmt einen solchen Menschen an der da allezeit verschwiegen treu, und fleißig ist.

WAGNER

Ich werde dafür sorgen, lebet wohl Eu⟨e⟩r Magnifizenz.

FAUST

allein

Ha! was thut der Zufall doch in der Welt! Schon oft schrieb ich, an alle Professores auf den Universitäten die ich kenne, um mir das Büchlein der Negromantie zu verschaffen, – keiner konnte mir darinnen Genüge leisten, nun kommen von ohngefähr zwei Studenten, und bringen mir solches.

Da will ich auch sogleich darinnen studiren, um zu sehen wie man die höllischen Geister zittiren[71] und zu unserm Plan anwendbar machen kann. Ha! es wird Einst heißen, Faust! Faust! das war ja doch ein großer Mann

ab.

HANNSWURST

kommt mit einem Bündel auf dem Rücken und spricht

Omle omle! meo mecum comporto[72].

Das ist ein miserables Wesen, wenn man ein Studiermachers Gesell ist, und hat seinen Buckel aufm Bündel. – Da bin ich bei einem Herrn gewesen, und der Herr hat zwei kleine Buben gehabt, bei den Buben bin ich glücklich wieder der Bube gewesen. – Da hab ich alle Tag die Bücher müssen in die Schul tragen. – Da hab ich auch mal die Bücher in die Schul tragen müssen, da begegnet mir ein Weib, das hat Zwetschgen feil gehabt, so sag ich Weib! wie theuer gebts eure Zwetschgen? – So sagts, das Hundert gibts um a Groschen, da hab ich mir so a vier hundert runter zählen lassen, und habs glücklich g'fressn wie ich so weit fort g'marschirt bin, so begegnet mir wiederum ein anderes Weib, das hat Buttermilch feil gehabt, so frag ich, wie theuer gebts eure Buttermilch? – So verlangts für die Maaß ein Dreier, ich laß mir also für 6 Dreier abmessen, und saufs aus, wie ich die Buttermilch im Leib gehabt hab, und bin so a weil fort g'marschirt bin, so fangen die Zwetschgen in meinem Bauch a G'rebellion an, daß ich für Grimmen nicht g'wußt hab, wo ich nauß oder na soll, meine Zwetschgen waren aber nicht faul, die kriegen meine Buttermilch, bei der Parück, die Buttermilch aber, kriegt die Zwetschgen bei der Parabel, und das war a Lärm in meinem Bauch drin, nicht anders als ob a Regiment Tambour drinnen wären; und thäten a Rebell schlagen, und endlich bin wildfuchs g'worden, und hab g'sagt, was habts für an Lärm in meinem Bauch? – Ihr zahlt ja doch keinen Hauszins, hab meine HinterhausThür aufg'macht, und habs zur hinter Thür nausg'schmissen, zum Unglück hat ich das Schnupftuch vergessen wo man die Renovation mit macht, g'schwind nahm ich meines Herrn Buch, riß aus der Rentizipi[73] ein Blatt raus, und hab die Renovation mit g'macht, und nahms Blatt, und legs wiederum ins Buch nein, trags ihm in die Schul auf einmal fängt mein Herr a zu blättern, zu blättern zu blättern, und der Teufel führt ihn mitm Finger grad in Pfifferling nein, – da hat er halt den Plurarum[74] verdorben, daß mer den Singularum nimmer g'kannt hat, wie er aus der Schul kam hat ers halt gleich dem Papperpa erzählt, wart Kerl, sagte der, der Johann, der Hausknecht, soll dir deinen Abschied schreiben, nu ja, dachte ich, das wird a saubren Abschied geben, wenn ihn der Hausknecht schreiben soll, mein Hausknecht kriegt mich beim Krips[75], und führt mich die große Schneckentrep[76] runter, und mit mir in Roßstall nein, und kriegt mich und legt mich so über die Futtertruhel hinüber, und kriegt so ne dreizinkete Feder hinter der Stallthür vor, und schreibt mir so fünfundzwanzig Buchstaben aufs Hinter Bergamentfell, daß ich vor Schmerz nicht wußte was ich machen sollte, die dreizinkete Feder hat teufelmäßig krazt, kein Mensch hat sich über mich erbarmen wollen, Niemand! – außer so en alter Schimmel ist in Stall g'standen, der hat g'weint daß ihm die Tränen faustdick über die Backen runter g'fallen sind. Jetzt bin ich wildfuchs g'worden hab meinen Buckel aufn Bündel g'nommen und bin zum Zölpel[77] aus g'marschirt, wie ich so a weil g'loffen bin, so komm ich auf en grüne Wiesen hin, da begegnet mir ein Esel, der hängt den Kopf zur Erde, als ob er Philosophie studirte. Ich ging zu ihm und sagte Bon jour Herr Pegasus! – Das hat meinem Esel gleich wohl g'fallen. Drauf hab ich g'fragt, ists Erlaubt ein Bissel zu reiten? – So hat er g'sagt I-a. Haha! dachte ich, der Herr spricht wohl Leckteinisch, er sagt i da! – Das heißt zu deutsch ja ja. Ich also pardauz auf meinen Esel nauf, wie ich ohngefähr so ne' Meile fortgeritten bin, so führt der Teufel den Müller hinter mir her, dem der Esel g'wesen ist, der hat ein Prügel in der Hand wie mein Arm so dick, schlägt mir von Hinten aufs Kreuz, Pardauz bin ich übern Esel runtergepurzelt, drauf sagt er, du Kerl mit deinem spizigen Huth du mußt mit mir ins Dorf zum Schulz! – ohne viel zu spindisiren[78], kriegt er mich beim Kripps führt mich ins Dorf zum Schulz! Wie wir zum Schulzen kommen, so sitzt der Schulze da, und schneidt Parade, wie die Laus aufm Nudelbrett, seht so ist er da gesessen

er setzt sich auf einen Stuhl und läutet mit den Beinen.

Er macht die Stimme des Schulzen nach etwas grob.

Sagts mal ihr Kerl! wer seid ihr, und was wollts ihr?

Jezt bin ich der Müller.

er macht die Stimme des Müllers nach

Ja sehns mal Herr Schulz! – Der Kerl da mitm spizigen Huth, hat mir meinen Esel stehlen wollen! – was hab ich gsagt, Müller! das ist nicht wahr, ich ⟨hab⟩ deinen Esel nicht stehlen wollen, sondern dein Esel hat mich wollen stehlen, denn ich hab deinen Esel nicht fortgetragen, aber dein Esel hat mich fortgetragen. – Jetzt bin ich wieder der Schulz.

wie oben

Hört ihr zwei Kerls, wann ihr nicht wollt g'scheidt und vernünftig werden, so kann ein jeder einen Thaler Strafe, in die Büchse blasen. – Jetzt bin ich wieder der Müller.

wie oben

Ja Herr Schulz, wir haben ja keine Büchse nicht! – Jetzt bin ich wieder der Hannswurst. Müller! hast keine Büchse? – Da hast meine.

er springt den Müller mit dem Hintern auf die Nase, so daß der Müller umfällt, zu gleich schmeißt er den Schulz, der sich auf dem Stuhl gewiegt hat übern Haufen, dies erzählt er in folgendem Satz.

Dem Müller hab ich was zu riechen gegeben, und dem Schulzen hab ichs Gaunscheln

heißt auf deutsch Schaukeln

vertrieben, bin drauf zur Thür naus grannt und kein Mensch hat mich ang'halten: Jezt bin ich aber hier in einem Zimmer, und kein Mensch ist hier zu Hauß.

er sieht die Bücher daliegen.

Was Teufels da sind ja Bücher; und eins ist aufg'schlagen; Potz Blitz! wenn ich nur a bissel lesen könnt, nu wart ich will mal a bissel buchstabiren. Das ist a Buchstab der ist so groß wie a Scheunentor. Das ist g'wiß ein a. richtig ein a.

er buchstabirt

a, r, s, ch, Schnupfstabacksdose. Aha. V, o, tz, Feuerzeug. B, o, x, box be u beu, t, e, l, tel a Schneiderg'sell. H, a, a, r, har b, e, u, t, e, l, tel, a Parükenmachersg'sell; das erste Schnappitel, wie man kann machen Flöh und Mäus, Ratten und Läus a was, Flöh und Läus hab ich so gnug, Ratten und Mäus brauch ich keine. Das zweite Schnappittel, wie man kann machen aus einem alten Weib eine junge Jungfer, Potz Blitz das muß ich lernen, was nimmt man denn dazu, laß sehen, dazu braucht man das Herz aus einem Amboß, 3000 Zungen von jungen Flöhen, sechs Maaß Krebsblut, ein paar Pfund Advokaten Gewissen, einen Schoppen Jungfernmilch, dieses mit 60 Malter Bäckerrauch angerührt, und mit 6 ⟨Pfund⟩ Glockenklang vermischt, und zu Pulver gemacht, dem alten Weib Täglich ein Pulver durch einen Federkiel hinten eingeblasen, o du Schweineigel von Doctor. –

Sc⟨ene⟩ 3
Wagner. Hannswurst.

⟨WAGNER⟩

Sage mir du Kerl, wie kamst du in dieses Zimmer herein? –

HANNSWURST

Auf den Sohlen.

WAGNER

Das glaub ich, daß der Narr nicht durch die Luft geflogen ist. Sage mir, bist du jetzo Herrnlos? –

HANNSWURST

Nein ich hab mein Hirn noch.

WAGNER

Ich meine nicht also, sondern ich frage, ob du keinen Herrn nicht hast.

H⟨ANNS⟩W⟨URST⟩

Nein ich hab jezt keinen, aber ich nehme gleich wieder einen auf und an, wenn ich einen bekommen kann.

WAGNER

Einfalt! Der Herr muß ja dich annehmen, denn er gibt dir ja Kost und Lohn.

H⟨ANNS⟩W⟨URST⟩

Ja. Aber die ganze Woche nix zu fressen gelt? – was gibst du einem Kerl meines gleichen, wenn ich zu dir gehe? –

WAGNER

Du bekommst jährlich 20 Thaler[79].

HANNSWURST

Dafür bleib ich nicht.

WAGNER

Warum denn nicht??

HANNSWURST

Ei bei meinem vorigen Herrn hatt ich des Monats dreißig Kreuzer.

WAGNER

Das ist das ganze Jahr erst sechs Gulden, da ist ja zwanzig Thaler weit mehr.

HANNSW⟨URST⟩

Das mach du einem Narren weiß, daß zwanzig mehr soll sein, als dreißig, – ich kanns rechnen auch a bißle.

WAGNER

Nu nu! – Du sollst die dreißig Kreuzer extra erhalten, bevor ich dich aber annehme, so sage mir, aus was für einem Geschlecht oder Familie bist du?

HANNSW⟨URST⟩

Ich bin aus dem Fischgeschlecht.

WAGNER

Sag mir, wie hat denn dein Vater geheißen?

H⟨ANNS⟩W⟨URST⟩

Den hat man nur den Musje[80] Lachs genannt.

WAGNER

Hast du auch Brüder g'habt?

H⟨ANNS⟩W⟨URST⟩

O ja! Der eine war sehr lang und schmal, den hat man nur den Hecht geheißen.

WAGNER

Und was ist er? –

H⟨ANNS⟩W⟨URST⟩

Ein Advokat. – und der andere war dick und kurz den hat man nur den Karpfen genannt, der war a Prälat

er sagt aber Brüllat.

WAGNER

Hast du auch Schwestern gehabt oder noch? –

H⟨ANNS⟩W⟨URST⟩

O ja! ich habe zwei Schwestern gehabt, die eine war eine Putzmacherin, und hat dabei mit Spitzen gehandelt, denen Mansleuten dieselben sammt der Manschetten gewaschen, und eingekniffen, die hat man in der ganzen Stadt nur das Weißfischerl geheißen. – Und die andere, die war so kurz und schmierig, die hat mit Asche gehandelt, die hat man nur die Murschleihe genannt.

WAGNER

Wie hat denn deine Mutter geheißen?

H⟨ANNS⟩W⟨URST⟩

Ich hab keine Mutter gehabt.

WAGNER

Was? – Du hast keine Mutter gehabt? – was hättest du denn gehabt?

H⟨ANNS⟩W⟨URST⟩

Ei eine Frau Mama!

WAGNER

So? – eine Frau Mama, und wie hat denn diese geheisen?

H⟨ANNS⟩W⟨URST⟩

Die hat man nur die Frau Lächsin geheisen, weil sie mit Herrn Lachs diese gehabt hat. Ja, eine Frau Mamerlemama!

WAGNER

Wie heißest du denn?

H⟨ANNS⟩W⟨URST⟩

Wie ich heiße? – ich heiße wie du.

WAGNER

Wie ich? – ich heiße Johann Christoph Wagner.

H⟨ANNS⟩W⟨URST⟩

Ganz recht, das erste ist mein rechter Name.

WAGNER

Also heißest du Johann?

H⟨ANNS⟩W⟨URST⟩

Ja, aber die Leute heisen mich nur Hanns, und noch so a bissel was dabei.

WAGNER

Nun was soll denn das sein?

H⟨ANNS⟩W⟨URST⟩

So was, was die Juden nicht fressen dürfen.

WAGNER

Ha! ich verstehe! – Hanns Speck.

H⟨ANNS⟩W⟨URST⟩

Ach! ich hätt bald was g'sagt, Hanns D⟨reck⟩: – nein so was kurzes, so was rundes; so was, was man aufs Sauerkraut legt.

WAGNER

Das versteh ich nicht, was ist denn das?

H⟨ANNS⟩W⟨URST⟩

Wurst wurst!

WAGNER

Ah! Also Hannswurst nennst du dich?

H⟨ANNS⟩W⟨URST⟩

Ja Hannswurst.

WAGNER

Nun so räume diesen Stuhl und Tisch beiseit, und komme zu mir in die Küche, da sollst du Essen und Trincken erhalten.

H⟨ANNS⟩W⟨URST⟩

Gut. Aber was bist du? bist du denn der Herr selbst?

WAGNER

Nein! – ich bin nur des Herrn sein Famulus.

H⟨ANNS⟩W⟨URST⟩

Was ist das für ein Ding! ein Fummelochs? –

WAGNER

Zu deutsch: der Jung.

H⟨ANNS⟩W⟨URST⟩

Der Jung? – nun da kann man sehen, was das für 'ne Wirthschaft ist, da will ein Hundsjunge, den anderen Hundsjungen zur Aufwartung haben.

WAGNER

Einhalt! ich bin der Junge zum Studiren und du bist zu der Hausarbeit bestimmt.

H⟨ANNS⟩W⟨URST⟩

So so, du bist zum Schmieren und ich zu der Lausarbeit! Sag mal, wer ist denn dein Herr?

WAGNER

Der Faust.

H⟨ANNS⟩W⟨URST⟩

A Faust? – Da bleib ich nicht!

WAGNER

Und warum nicht? –

H⟨ANNS⟩W⟨URST⟩

Geh weg! – ich wills dir sagen, schau ich bin a mal auf einer Bauernkirchweih g'wesen, da bin ich unter die Fäust nein gerathen, ich hab vier Wochen lang blaue Augen davon getragen.

WAGNER

Ach du Narr! Er heißt nur Faust, er ist Doctor, und Profeßor dahier zu Wittenberg.

H⟨ANNS⟩W⟨URST⟩

Ha ha! so! Brodfressor zu Wittenberg, aber wer bist, oder wie heißt du?

WAGNER

Wagner.

H⟨ANNS⟩W⟨URST⟩

Ein Wagner, das ist ein Stellmacher, da muß man gar oft Hobelspäne fressen und Spatenstiele scheißen, und fliegt einem manchmal ein grober Keil an Kopf.

WAGNER

Spaßmacher! – trage nur diesen Tisch und Stuhl beiseit, und komme zu mir in die Küche, da sollst du Essen und Trincken genug erhalten

ab

H⟨ANNS⟩W⟨URST⟩

Den Stuhl schmeiß ich zum Fenster hinaus, den Tisch schmeiß ich um.

er thut es, und geht ab

Zweiter Act

Erster Auftritt

Ein Todtengewölbe

Faust steht in einem von Pappir gemachten Kreis, der mit allerlei mistischen Zeichen bemahlt ist.

FAUST

Hier in diesem Todtengewölbe und hier in diesem dazu bereiteten Kreis, wo keine Furie Macht hat, mir etwas zu Leide zu thun, will ich sogleich meine Beschwörung anfangen, und so zu meinem Glück oder Unglück den Anfang machen.

Er dreht sich im Kreis herum und ruft mit eignem Grauen.

Sise, Sise, Flegeronsia Stix! Hejus! Hejus atteste male Spiritus! Faustibus, Videridet zitra.[81]

man hört ein Geräusch.

Was soll das bedeuten? man hört ja nur ein Getöse, und keine Furie erscheint mir, ich werde zum 2tenmal meine Beschwörung fortsetzen.

wie oben

Sise! Sise! Flegeronsia Stix! Hejus! Hejus! Atteste male Spiritus! Faustibus ziderítet zitra.

Der Lärm wird stärker

Ha meine Beschwörung hat wohl Kraft genug, geschwinde noch einmal.

er wiederholt obige Beschwörung, es donnert und blitzt, unter diesem Mordspecktakel, erscheinen die Furien.

Ha welch gräßliche Gestalten! ich werde eine nach der andern befragen. Höllische Furie hier zu meiner rechten – sage mir wie nennst du dich mit deinem Namen?

EINE FURIE

Ich nenne mich Vizlebuzle.

FAUST

So sage mir denn du höllischer Vizlebuzle, wie geschwinde bist du dann?

VIZLEBUZLE

So geschwind wie die Schneck auf dem Zaun.

FAUST

Ei du Langsamer verfluchter Geist, entferne dich! Abbache male Spiritus![82]

Vizlebuzle schnurrt ab

FAUST

Ha es sind ja noch mehrere Teufel zugegen, einer wird doch darunter sein, der mir anstehn wird. Höllische Furie hier zu meiner Lincken, sage mir wie nennst du dich.

EINE FURIE

Audium et gugulorum!

FAUST

Sage mir denn du höllischer Audium et Compagnie, wie geschwinde bist du denn?

FURIE

Wie ein altes Weib.

FAUST

zornig

Hebe dich weg von mir, langsamer Teufel.

Furie rauscht ab.

FAUST

Wie nennst du dich hier, du zu meiner rechten? –

FURIE

Auerhahn! Auerhahn!

FAUST

Höllischer Auerhahn! wie geschwinde bist du dann? –

FURIE

Wie ein Pfeil, der abgeschossen wird.

FAUST

Das ist eine schöne Geschwindigkeit, aber für meine Wünsche, immer noch nicht hinlänglich genug. Entferne dich Abbacke Spiritus.[83]

Furie ab

FAUST

Übereile dich nicht Faust, es sind noch mehrere Furien zugegen. Wie nennst du dich?

EINE FURIE

Asmotheus. Asmotheus.

FAUST

Bist du nicht der Hochmuths-Teufel? –

FURIE

Das bin ich.

FAUST

Du sollst weder in meinem Kopfe noch in meinem Herzen einen Plaz finden. Abbache male Spiritus.

Furie ab

FAUST

kann noch einige befragen, die dann nach Willkühr ihre Geschwindigkeit angeben, zum Ex⟨empel⟩: Der eine ist so fix wie ein Fisch im Wasser, der andere so schnell wie ein Spiegel, womit man in der Sonne blinkert⟨.⟩ Keiner kann ihn befriedrigen⟨;⟩ nun fragt er die letzte Furie wie sie sich nennt.

FURIE

Ich nenne mich Mefistopheles der Geschwinde.

FAUST

Der Geschwinde? – nun da du dich selbst der Geschwinde nennst, so sage mir denn, wie geschwinde bist du dann?

MEFISTOPHELES

Ich bin so geschwinde, wie des Menschen Gedanken.

FAUST

Was? – wie des Menschen Gedanken? – Ha! das ist die gröste Geschwindigkeit die nur auf der Welt existirt. – Denn wie bald bin ich mit meinen Gedanken, in Asia, Afrika, Amerika und Europa zugleich; sage mir höllische Furie, willst du mir dienen?

MEFISTOPHELES

Nein! – ich diene dir nicht.

FAUST

Und warum willst du mir nicht dienen.

MEFISTOPHELES

Weil ich keine Erlaubniß dazu habe dir dienen zu dürfen, indem unser Höllenfürst Pluto, bei der Prinzessin Proserbina[84] in Gesellschaft ist.

FAUST

Ha! wenn dem so ist, so entschuldige ich dich, wenn die Teufel in der Hölle, ihre Kränzel, und Assambleen[85] halten, so beurlaube ich dich für diesesmal, aber dafür erwarte ich dich heute Nacht um 12 Uhr, in meinem Zimmer, und zwar ohne Geheul, ohne Geräusch, ohne Gepolter, Ohne Lärm, so daß Niemand in meinem Hause, noch in der Nachbarschaft etwas gewahr werden mag.

MEFISTOPHELES

Gut! – Verlasse mir jetzt diesen Kreis, es wird dir keine Furie etwas zu leide thun.

FAUST

Nun so entferne dich erst. Abbache male Spiritus.

Mefistopheles ab

FAUST

allein.

So, nun wäre ja der Grundstein zu meinem künftigen Glück oder Unglück gelegt, nun will ich mich auf mein Zimmer begeben, und noch mehr in meinem Tracktätlein studiren. Die Nachwelt, wird mich Einst preisen, indem die gegenwärtige mich verachtet, denn meine neuerfundene Schwarzkunst, wird der Nachwelt noch wichtige Dienste leisten. Die Buchdrucker, werden mich, und meinen Freund Gutenberg[86] noch segnen.

ab

HANNSWURST

Kommt von der andern Seite, indem er erst den Kopf herein steckt.

Hier ist mein Herr auch nicht! Wo mag er denn stecken?

er sieht den Kreis an.

Was! Teufels ist denn das da für a Ding? – Ist das vielleicht ein Kreis, von einer Pastete, oder, ist vielleicht gar ein Schneider vorbei gegangen und hat sein Maaß verloren?

er tritt in den Kreis, indem umringen ihn alle die Teufel.

Ha ha! – was sind dies für schwarze Kohlenbrenner? – was wollt ihr.

DIE FURIEN

Dich wollen wir zerreißen!

H⟨ANNS⟩W⟨URST⟩

Was? ihr wollt mich zerreißen!

FURIEN

In Tausend und abermal tausend Stücke.

H⟨ANNS⟩W⟨URST⟩

O weh! Da bleibt ja kein ganzer Fezen mehr an mir! – warum zerreißt ihr mich nicht gleich.

DIE FURIEN

Wir können nicht in den Kreis.

H⟨ANNS⟩W⟨URST⟩

So? – Könnt ihr nicht herein! nun so kann ich auch nicht heraus.

er sezt sich

DIE FURIEN

setzen sich auch.

So bleiben wir auch da!

H⟨ANNS⟩W⟨URST⟩

Na, nun bleiben die Satans auch da.

zornig

Wollt ihr wohl weg.

FURIEN

Nein!

H⟨ANNS⟩W⟨URST⟩

Wann ich nur wüßte wo mein Herr wäre, der sollte mir die Kerls brav zwiebeln, aber halt! – Gestern hab ich gelesen, in meines Herrn Buch, wie man Teufel verjagen kann, es war nur ein einziges Wort, warte wie heißts nur gleich, ich glaube es hieß Perlike.

Die Furien fahren alle ab.

H⟨ANNS⟩W⟨URST⟩

lacht

Richtig, das war das rechte Wort, und das andere stand gleich dabei es hieß glaub ich, Perlokko.

DIE TEUFEL

erscheinen wieder und schreien

komm heraus, wir wolen dich zerreißen!

H⟨ANNS⟩W⟨URST⟩

Was wollt ihr machen?

FURIEN

Dich zerreißen!

H⟨ANNS⟩W⟨URST⟩

schnell

Perlike!

Die Furien schnell ab.

H⟨ANNS⟩W⟨URST⟩

Nu kommt mal her, zerreißts mich mal, O ihr dumme Dorfteufel ihr, warte, ich muß mir mit den Teufeln noch einen Spaß machen, Perlokko.

DIE TEUFEL

kommen zornig,

komm heraus wollen dich zerreißen.

H⟨ANNS⟩W⟨URST⟩

Spricht gleich Perlikke sie fliegen allmal ab, er vexirt sie einige mal, in dem er nur Per- sagt, endlich spricht er die beiden Worte, so schnell hinter einander weg, daß die Teufel vor Angst nicht wissen was sie sollen und fahren so schnell allmählich auf und ab, endlich ruft Hannswurst Perlikke! sie bleiben weg.

Wartet ihr dumme Heuochsen von Teufel, ihr sollt mir nicht g'scheit g'nug sein, ich wickle mich hier in den Kreis nein, da können mir die Teufel nichts thun, und so troll ich mich zu meinem Herrn!

er wickelt sich in den Kreis. Indem er abgeht schreit er

Herr Fäustling! Herr Fäustling!

ab

Ende des zweiten Acts.

Dritter Act

Faust allein, Zimmer wie im Ersten Act.

FAUST

Nemo Sue Sorte Contentus.[87] Niemand ist mit sich und seinem Stande zufrieden[88], ein Soldat möchte gerne General, ein General König, ein König Kaiser sein, und ist er auch wircklich dieses alles, so wird er dennoch nicht ganz zufrieden sein. Er wird immer noch einen Wunsch im Herzen haben, der ihn nicht befriedigt worden, und auf dieser Erde auch nicht befriedigt werden kann. Ein Zeichen, daß doch etwas in uns steckt, das nicht auf diese Welt gehört, und das sich immer nach einer höheren Sphäre sehnt, und also mit diesem irdischen Glücksgütern nicht zufrieden sein kann, um diesen geheimen Wunsch zu befriedigen, habe ich den Geist Mefistopheles bestellt um mir zu sagen, was hinter jenem dunklen Vorhang vorgeht. Denn schon Myriaden Geschöpfe sind hingegangen, und keiner ist nicht zurüke gekommen der uns die Wahrheit hätte sagen können.

Es schlägt 12 Uhr.

EINE STIMME

ruft

Fauste!

FAUST

He! wer rufet? –

MEFISTOPHELES

In Qua Forma Fis, Odivi Mefistopheles Apparint??[89]

FAUST

Himmel welch eine Geschwindigkeit? – Kaum gedenke ich nur an den Geist Mefistopheles, so fragt er auch schon, in was für einer Form, oder Gestalt er mir erscheinen soll? – wohlan! erscheine mir als ein Löwe, nur nicht mehr als Teufel.

MEFISTOPHELES

als Löwe.

Gefalle ich dir so?

FAUST

Du siehst scheußlich aus. Kannst du dich nicht in ein etwas hummaneres Thier verwandeln?

MEFISTOPHELES

Verwandelt sich in einen Bären.

Ists so recht?

FAUST

O was soll ich mit einem Bären? Verwandle dich lieber in einen schöngekleideten Jüngling oder Mädchen.

MEFISTOPHELES

Verwandelt sich in einen schönen Jüngling

Gefalle ich dir so, mein Faust.

FAUST

O recht gut! – recht gut! wenn ich nicht gewiß wüßte, daß du der Satan wärest, so würde ich dich als den Sohn meines Freundes umarmen. Sage mir! hast du nun die Erlaubnis von deinem Höllenfürsten Pluto erhalten mir dienen zu dürfen? –

MEFISTOPHELES

Ja, ich habe sie erhalten.

FAUST

Nun so werde ich dir 24 Punkte, die ich zu Pappir gebracht habe, verlesen, wir wollen aber nur die Hauptpunkte berühren.

MEFISTOPHELES

Nun, so laß einmal deine Punckten hören.

FAUST

Der erste Artikel ist, daß du mir an Geld sollst niemals Mangel leiden lassen, aber kein solches Geld, das wieder unter Menschenhänden verschwindet. Nein, ein solches Geld, das von Menschen ist geschlagen und geprägt worden.

MEFISTOPHELES

Zugestanden.

FAUST

Zweitens, sollst du mich durch die Luft führen, wohin ich nur hinverlange, aber ohne Gefahr meines Lebens.

MEFISTOPHELES

Accordiert.[90]

FAUST

Drittens, sollst du mir auf alle meine Fragen, eine Categorische Antwort ertheilen: Sie mag nun geist- oder weltlich; an dich gerichtet werden.

MEFISTOPHELES

Wenn ich kann? Ja.

FAUST

Nun wollen wir, die anderen alle alle ⟨so!⟩ überschlagen, und nur den lezten und Hauptpunckt berühren, dieser ist, daß du mir vier und zwanzig Complette Jahre auf der oberen Welt dienen sollst.

MEFISTOPHELES

Vier und zwanzig Jahr? – Das ist ja eine halbe Ewigkeit.

FAUST

Das mag für euch Furien, in der Qual wohl eine Ewigkeit sein, aber für uns sterbliche Menschen, sind 24 Jahr, in Gesundheit und Wollust hingelebt, nur eine kurze Zeit.

MEFISTOPHELES

Nun ich gehe dir diesen Punckt auch ein, aber nun wirst du dich auch bequemen, meine Artikel anzuhören.

FAUST

Was? sind wir Menschen denn auch gemüßigt von euch höllischen verächtlichen Kreaturen Gesetze anzunehmen? –

MEFISTOPHELES

Kannst du von deinem Nebenmenschen etwas verlangen, ohne Gegendienst? – und du verlangst von uns verächtlichen Geistern, Dienste; ohne Belohnung? – Sieh meine Forderung ist weit billiger als die deine.

FAUST

Nun so laß einmal deine Punkten Hören.

MEFISTOPHELES

Der erste Punkt ist dieser, daß du dich nie mehr in eine Kirche begeben sollst.

FAUST

Das ist unmöglich! – Du weißt wessen Stand, und Würde ich bekleide[91], ich bin Doctor der Theologie, man würde mich ja für einen Deisten[92], aber nicht mehr für einen Christen halten.

MEFISTOPHELES

Sorge nicht! ich werde dich auch in der Kirche vorstellen.

FAUST

Nun wenn du dieses willst, so geh ichs ein, weiter.

MEFISTOPHELES

Zweitens, darfst du dich nie verheirathen.

FAUST

Anjetzo schweige! – Das ist unmöglich, was ist liebenswürdiger auf der Welt, als wenn man eine treue Gattin hat, die man liebt, von der man wieder geliebt wird, das ist ja das gröste Vergnügen für uns sterbliche Menschen.

MEFISTOPHELES

Ich sage dir aber, Ehestand ist Wehestand.

FAUST

Mache du mir einmal eine vernünftige Vorstellung gegen den Ehestand.

MEFISTOPHELES

Sehr leicht! Sieh nimmst du dir eine Reiche, so mußt du gewärtigen bei mancher Gelegenheit zu hören, Lump du hast ja nichts gehabt, und so weiter: nimmst du dir eine Arme, so hast du den Bettelstab vor der Thür. Nimmst du dir eine Schöne, so mußt du fürchten in eine große Schwäherschaft aufgenommen zu werden, nimmst du dir eine Häßliche, so hast du selbst kein Belieben daran, lieber bleibe ledig und frei, und du sollst an Schönheiten niemals Mangel leiden.

FAUST

Nun wenn du das kannst so bin ichs auch wohl zufrieden, rede weiter.

MEFISTOPHELES

Leztens, sollst du nach 24 Jahre mit Seel und Leib, in das Plutonische Reich verfallen sein.

FAUST

Mit Seel und Leib? – O mein Geist, alles fodre, alles verlange von mir, nur meine Seele nicht, denn das ist ein anvertrautes Gut, über das ich wachen muß, das kann ich dir nicht geben.

MEFISTOPHELES

Nur mit deiner Seele allein ist mir geholfen.

FAUST

für sich

Es ist wahr! – wie die Arbeit so der Lohn, was soll ich anfangen? Soll ich glücklich sein? in meinem Vorhaben triumphieren; o so muß ich ihm diesen Punkt wohl eingehen, ich bin ja ein kluger und vernünftiger Mann. Vielleicht kann ich mich unter der Zeit doch noch von dem Teufel losreißen.

laut

Nun denn mein Geist, ich gehe dir diesen Punkt auch ein, aber mit dem Beding, daß meine Seele bei euch gut gehalten wird.

MEFISTOPHELES

O, sie soll den Vorzug vor allen andern Seelen haben.

FAUST

Nun so will ich dir den Contrackt unterschreiben.

MEFISTOPHELES

Mit was willst du schreiben?

FAUST

Nun ich werde gleich Feder und Tinte holen.

MEFISTOPHELES

Das hast du nicht nöthig, denn wir höllischen Furien schreiben alles nur mit Blut.

FAUST

Mit Blut? wo soll ich jetzo Blut bekommen. Da kein Mensch mehr auf ist? –

MEFISTOPHELES

Reiche mir deine Hand.

FAUST

Aber ohne Schmerzen?

MEFISTOPHELES

Ohne Schmerzen und Gefahr, hier hast du Blut.

FAUST

Himmel! kaum berührt mich die Furie, so quillt auch schon das Blut aus meinen Adern, und es ziehen sich in meiner rechten Hand zwei Buchstaben zusammen, ein H. und ein F. Was soll das heißen, Homo Fugo![93] Mensch fliehe! vor[94] wem? vor niemand anders, als vor dir du leidiger Seelendieb.

MEFIST⟨OPHELES⟩

laut

Hahaha! du willst so ein gelehrter Mann sein, und kannst die paar Buchstaben, nicht besser auslegen. Es heißt allerdings

Homo Fugo Mensch fliehe, aber wo anders hin, als in die Arme deines treuen Freundes Mefistopheles.

FAUST

Es ist wahr, du kannst deine aprorirte[95] Schrift am besten auslegen, nun so werde ich eine Feder holen, um zu unterzeichnen.

MEFISTOPHELES

Das ist nicht nöthig! Lasse nur einen Tropfen Blut darauf fallen, und dein ganzer Name wird da stehen.

FAUST

Nun ich werde sehen, was deine Kunst vermag.

er schlägt mit der Hand auf das Pappir

Was seh ich? – mein ganzer Name? – Als ob ich ihn mit der Feder geschrieben hätte, aber wie ist mir, es ist als ob mit diesem Tropfen Blut, meine ganz Lebenskraft geschwunden wäre. Ha! welch eine Mattigkeit überfällt mich. Es zieht mir die Augen zu, ich muß mich ein wenig schlafen legen, du bleibe da und bewache mich.

MEFIST⟨OPHELES⟩

Schlafe nur, ich bleibe bei dir.

man hört eine Harmonika, oder Flötenuhr.

O weh! mein Erbfeind kommt.

er entflieht.

Eine Wolke erscheint

EIN GENIUS,

mit einen Palmzweig in der Hand. Singt folgende Strophen.

Fauste, jene Himmelsgaben,
Die dir mitgeteilet sein,
Die da alle Menschen laben,
Heilen, lindern Todespein,
Du bist als ein Mensch geboren;
Willst so schändlich sein verlohren?
Traue nicht des Teufels List
Welche dir so nahe ist.

*

Ewig in dem Himmel leben,
Ist der Engel größte Freud.

In der Hölle zittern beben,
Die Verdammten jederzeit.
Faust wach auf von dem Beginnen
Wenn du willst der Höll entrinnen:
Faust wach auf, bekehre dich
Deine Seel erbarmet mich.[96]

ab

EINE ANDERE FURIE

erscheint, mit grober Stimme, singend

Fauste was willst du einschränken,
Deinen freien frohen Sinn!
Von dem Vorsatz tu nicht wanken
Lust und Freud ist dein Gewinn.
Du kannst stets in Freiheit schweben
Und dem Glück im Schoße leben
Faust wach auf und fahre fort
Schicke Pluto dein Accordt.

ab

FAUST

erwachend.

Entweiche Phantasie, der thörichten Gedanken,
Die nirgends stille stehn, bald dort, bald dahin wanken,
Faust ist ein großer Mann. Er sizt dem Glück im Schoß.
Fortuna gönnet ihm, anheut, das größte Los.

dazu MEFISTOPHELES.

Nun mein Faust, hast du einen angenehmen Traum gehabt?

FAUST

Nein, nicht so sehr! Denn es war mir als schwebte ich anfangs in einem Meer von Wonne, als ich auf Ein Mal in einen schwarzen unabsehbaren Abgrund stürzte, wo scheußliche Ungeheuer meinen Cörper mit Zähnen zu zerreißen drohten. Darüber erschrocken wachte ich auf.

MEFISTOPHELES

Das sind Phantasien deiner erhitzten Einbildungskraft, die dir dann der Geist im Schlafe, mit verworrenen Bildern wieder vorgaukelt. Denn sobald der Mensch eine wichtige Handlung begehen will, und sich starck damit beschäftigt, so werden ihm jederzeit im Schlaf diese Ideen, im umgekehrten und schiefen Lichte erscheinen. Soll ich nun den Contrackt abholen lassen?

FAUST

Nach deinem Gefallen.

MEFISTOPHELES

So beschwöre ich sogleich eine höllische Furie, bei ihrer größten Pein, und Plage, daß mir solche erscheinen, und den Contrackt abholen soll, denselben unsern Höllenfürsten Pluto zu übermachen.

Es erscheint ein Rabe
er nimmt den Kontrakt vom Tisch und fliegt zum Fenster hinaus.

FAUST

Weh! was hab ich gethan? O weh! was hab ich angefangen? Meine Seele! – Das meinem Erlöser so theuer erworbene Gut, muß ich sehn, der Hölle zufahrn, o Faust! Faust! du bist geringer als ein Wurm weniger als ein Hund! – Denn ersterer krümmt sich wenn man ihn tritt, er zeigt doch Gefühl: lezterer liebkoset seinem Herrn für jeden bissen Brod, aber du Mensch! Du bist fühllos gegen alle die Wohltathen, die dir dein Schöpfer täglich gibt; du trittst seine Gesetze mit Füßen, und verachtest seine Gebote.

MEFISTOPHELES

lacht

Ich muß ihn doch nicht ganz verzweifeln lassen. Nun mein Fauste! willst du eine Freude genießen? So Befehle! Alle Schäze der Erde stehn dir nun frei, genieße.

FAUST

für sich

Nun ich habe mich einmal der Welt, und dem Satan gewidmet, so will ich auch davon Gebrauch machen, so lange ich lebe.

laut

Nun drum, mein Geist, ich habe vernommen, daß der Herzog von Parma, ein so prächtiges Beilager hält, welches nun schon einige Monate dauert, dabei möchte ich mich heute noch einfinden, wäre dir dieses wohl möglich? –

MEFIST⟨OPHELES⟩

O, in einer Viertelstunde, wenn du willst, geh nur in dein Zimmer, breite deinen Mantel da aus, stelle dich darauf, so wirst du wenn du das Wort Wohlauf sagst in 20 Minuten in Parma sein! –

FAUST

Nun ich will sehen was deine Kunst vermag, aber ich habe auch noch einen Diener mit Namen Hannswurst, den mußt du mir auch mitbringen.

MEFISTOPHELES

Gut, er soll nachkommen.

FAUST

Er soll aber ja nicht sagen, daß er bei mir, dem Doctor Faust in Diensten sei.

ab

MEFISTOPHELES

Ich werde es ihm verbieten.

allein.

Ha! – endlich ist Fauste ins Netze gegangen. Dafür wird mir nun meine Pein auf 200 Jahre gelindert werden, verschiedene Furien haben schon ihr Heil an ihm versucht, aber umsonst, der Geiz, der Hochmut! Die Wollust! – alle wurden abgewiesen, ich allein war so glücklich ihn ins höllische Netz zu ziehen. Er hat auch noch einen Diener, namens H⟨anns⟩w⟨urst⟩: Auch dieser muß des Teufels sein, er mag sich stellen wie er nur immer will.

dazu HANNSWURST.

Das weiß der Teufel wo mein Herr steckt, der Herr Fäustling.

MEFISTOPHELES

Wie stehts du Kauz?

H⟨ANNS⟩W⟨URST⟩

Geh du Kerl! heiß mich keine Katz nicht.

MEFISTOPHELES

Was machst du in meines Herrn Zimmer?

H⟨ANNS⟩W⟨URST⟩

Das ist mein Herrn sein Zimmer! – Denn mein Herr hat

ja keinen andern Menschen im Hause, als mich und den Wagner.

MEFISTOPHELES

Und mich.

H⟨ANNS⟩WURST⟩

Ja wer bist du denn?

MEFIST⟨OPHELES⟩

Ich bin sein geheimer Sekretär, ich weiß von allen seinen Geheimnissen.

H⟨ANNS⟩W⟨URST⟩

Ich glaubs! – Du wirst nur a bissel zu viel wissen.

MEFISTOPHELES

Nun wenn du bei dem Doctor Faust in Diensten bist, so sage mir, wo ist denn jetzt der Doctor Faust? –

H⟨ANNS⟩W⟨URST⟩

Nu! wo wird er sein? – er wird halt in seinem Schlafgemach sei.

MEFISTOPHELES

O nein! – er ist schon längst zu Parma.

H⟨ANNS⟩W⟨URST⟩

Wie hat ihn denn der Teufel in eine Barbe[97] hineingeführt?

MEFISTOPHELES

Ich hab ihn durch meine Kunst und Geschicklichkeit dahin gebracht.

H⟨ANNS⟩W⟨URST⟩

Ei wer bist du denn? –

MEFIST⟨OPHELES⟩

Ich bin, Egusum Diabulus[98]

HANNSWURST

Was du bist a Strohfuß.

MEFIST⟨OPHELES⟩

Nicht also! auf Deutsch, der Teufel.

H⟨ANNS⟩W⟨URST⟩

I, das wär ja gar der Teufel!

MEFISTOPHELES

Und ich setze dir tausend Thaler an deine Seele, daß ich alles kann.

H⟨ANNS⟩W⟨URST⟩

Du, ja du schaust mir aus als wenn du alles könntest. Schau es gilt 4 Groschen, du kannst nicht alles.

MEFIST⟨OPHELES⟩

Nun meinetwegen vor Spaß, es gilt. –

H⟨ANNS⟩W⟨URST⟩

Kannst du auch einen Bumbes Fexiren?[99]

MEFISTOPHELES

Was ist ⟨das,⟩ ein Furz??

H⟨ANNS⟩W⟨URST⟩

A du Schweineigel, so was mußt' nicht gleich raussagen, so was mußt' verschlucken. – Kannst du mir den Fexiren? –

MEFISTOPHELES

Nein das kann ich nicht, lern michs.

H⟨ANNS⟩W⟨URST⟩

Ja du sollst lernen, aber es kostet dir 4 Ggr.

MEFIST⟨OPHELES⟩

Nun meinetwegen, immer zu, wie macht man denn das?

H⟨ANNS⟩W⟨URST⟩

Nu paß auf, es ist a schönes Stück. Sieh wenn dir a Bumbes ankommt und du willst ihn fexiren, so läßt du ihn unter ein Sieb springen, da weiß er nicht sogleich zu welchem Löchel er naus soll. Das heißt man an Bumbes Fexirt.

MEFISTOPHELES

Das ist schön, weißt du noch so was?

H⟨ANNS⟩W⟨URST⟩

O ja, kannst du auch einen Bumbes aderlassen.

MEFISTOPHELES

Nein das kann ich auch nicht.

H⟨ANNS⟩W⟨URST⟩

Ei seh mal wie dumm du bist, erst sagst du, du könntest alles, nun ich will dirs lehren, gib acht, aber es kostet vier Groschen.

MEFISTOPHELES

Schon recht, sollst sie haben.

H⟨ANNS⟩W⟨URST⟩

Das sind hernach 8 Groschen.

MEFIST⟨OPHELES⟩

Ja, ja, nur weiter,

H⟨ANNS⟩W⟨URST⟩

Nu sieh wenn man einem Bumbes will aderlassen, so nimmt man einen Kübel voll Wasser.

MEFIST⟨OPHELES⟩

Kalt oder Warm? –

H⟨ANNS⟩W⟨URST⟩

Das gilt gleich – sieh man sezt sich mitm Hintern ins Wasser und läßt den Bumbes hineinspringen, das gibt dann eine Blase, die stichts mit deiner Nasen auf. Das heißt man an Bumbes ader g'lassen.

MEFIST⟨OPHELES⟩

Das mag der Teufel thun.

H⟨ANNS⟩W⟨URST⟩

Ei du bist ja der Teufel. Es gilt noch vier Groschen.

MEFIST⟨OPHELES⟩

Weißt du noch so etwas schönes?

H⟨ANNS⟩W⟨URST⟩

Ja, kannst du sagen, warum die Schuster, den Montag immer nach dem blauen Montag nennen.

MEFIST⟨OPHELES⟩

Ich weiß das auch nicht, erzähle mirs.

H⟨ANNS⟩W⟨URST⟩

Gut, aber es kostet wiederum 4 Gg, das sind hernach 12 Ggr.

MEFIST⟨OPHELES⟩

Ja ja, du sollsts haben, rede nur.

H⟨ANNS⟩W⟨URST⟩

Nu sieh, die Ritter haben doch immer so ein Turnier gehalten, nun habens die Schuster auch a mal probiren wollen, weils aber nicht mit den Lanzen wußten umzugehn, so haben sie einander mit der geballten Faust, zwischen die Augen rein Turniert, das geschah alle Sonntag nach der Predigt. Davon habens alle Montag blaue Augen gehabt. Sieh daher hat es den Nahmen blauer Montag, blos von den blauen Augen.

MEFIST⟨OPHELES⟩

Du kannst recht haben, weißt du noch was? –

H⟨ANNS⟩W⟨URST⟩

Ja, kannst du aus einem alten Weib, wieder a junge Jungfrau machen?

MEFIST⟨OPHELES⟩

Nein das kann ich nicht.

H⟨ANNS⟩W⟨URST⟩

Das kann ich auch nicht, wenn ich das könnte, so brauchte ich mich nicht so zu quälen in der Welt, da hätt ich Arbeit genug.

MEFIST⟨OPHELES⟩

Nun sage mir willst du auch zu deinem Herrn.

H⟨ANNS⟩W⟨URST⟩

Ja, bring mich auch zu ihm.

MEFIST⟨OPHELES⟩

Da mußt du mir aber geben, was du in deinem Leibe hast.

HANNSWURST

Morgen kannsts Faustdick haben, aber nur heute nicht mehr.

MEFIST⟨OPHELES⟩

Ach das meine ich nicht, sondern ich meine deine Seel.

H⟨ANNS⟩W⟨URST⟩

A so! – ich hab aber keine Seel, denn ich bin ja von Holz.

MEFIST⟨OPHELES⟩

So mußt du dich mir doch wenigstens verschreiben, daß du willst mein Eigen sein.

H⟨ANNS⟩W⟨URST⟩

Ich kann aber nicht schreiben.

MEFIST⟨OPHELES⟩

Ich werde dir die Hand führen.

H⟨ANNS⟩W⟨URST⟩

O gehts weg, das wär ne Schande, wenns heißen thät der Teufel hat den H⟨anns⟩w⟨urst⟩ da oder dort die Hand geführt.

MEFIST⟨OPHELES⟩

So mußt du mir doch versprechen, daß du willst mein eigen sein.

H⟨ANNS⟩W⟨URST⟩

bei seit

Versprechen kann ichs ihm schon es gilt nicht mehr bei der Obrigkeit, und er hat keinen Zeugen, ich leugne es ihm wieder ab. –

laut

Nu meinetwegen versprechen will ich dirs schon, da hast du meine Hand drauf.

er reicht ihm die Hand und schreit

Heiß! Heiß! Kerl du bist ja so heiß wie ein Backofen, du brennst ja wie Feuer! warum bist du denn so heiß? –

MEFIST⟨OPHELES⟩

Wir sind alle so hiziger Natur.

H⟨ANNS⟩W⟨URST⟩

Seid ihr so hiziger Natur? – warum vertreibt ihr dann den kalten Winter nicht, wart wenns wieder mal so kalt wird, so will ich dich in Ofen stecken.

MEFIST⟨OPHELES⟩

Das ist nicht unser Geschäft, die Menschen zu wärmen, jezt werde ich dir ein Luftpferd schicken.

HANNSW⟨URST⟩

Was ist das für a Ding a Luftpferd? –

MEFIST⟨OPHELES⟩

Einen Ziegenbock.

H⟨ANNS⟩W⟨URST⟩

Pfou Teufel! Da möchten mich die Leute für a verdorbenes Schneiderpürschel halten.

MEFIST⟨OPHELES⟩

Das hat nichts zu sagen, denn bei uns geht alles durch die Luft.

er fliegt oben naus und läßt einen tüchtigen –

H⟨ANNS⟩W⟨URST⟩

Der kanns noch besser wie unser Kettenhund, und fliegt dabei ohne Flügel oben naus, so leicht wie ne Seifenblaß.

Ein Ziegenbock erscheint H⟨anns⟩w⟨urst⟩ setzt sich darauf der Ziegenbock spuckt hinten und vornen Feuer aus, H⟨anns⟩w⟨urst⟩ schreit mörderisch

Schneidergaul nicht so hoch von der Erde ich bin schwindlich.

ab.

Vierter Aufzug

Erster Auftritt

Garten im Schlosse zu Parma.

DIE HERZOGIN

tritt auf

Himmel wie unglücklich bin ich! – vor wenigen Wochen, wurde ich mit meinem Gemahl dem Herzog von Parma vermählt, und seit einiger Zeit ist derselbe so Tiefsinnig geworden, daß auch nichts im Stande ist, das sonst so heitere Gemüth meines Gemahls in die vorige Ruhe zurückzubringen. Ich gebe Fehden, Kampf- und Ritterspiele, Ball, Jagd, und Tanzbelustigungen, aber immer bleibt er düster, und in sich gekehrt, noch eine große Jagd werde ich veranstalten lassen. Bleibt er dann noch stumm und in sich gekehrt, so bin ich die unglücklichste meines Geschlechts.

man hört H⟨ANNS⟩W⟨URST⟩ *in der Luft schreien*

Ho ho! ho ho! ho ho!

er fällt aus der Luft zu ihren Füßen.

HERZOGIN

erschrickt

O Himmel was ist das für ein Zufall??[100] –

HANNSW⟨URST⟩

Das ist kein Zufall. Das ist ein Einfall.

HERZOGIN

Aber was soll das bedeuten?

H⟨ANNS⟩W⟨URST⟩

Rumpelt mit der Zunge

HERZOGIN

Ich glaube der Mensch ist stumm. Gib mir durch ein Zeichen zu verstehen wie lange du stumm bist und warum du stumm geworden bist.

Pause

Wie lange bist du denn schon stumm? –

H⟨ANNS⟩W⟨URST⟩

A paar Minuten bin ich stumm.

HERZOGIN

Ei du Schelm, du kannst ja doch reden.

H⟨ANNS⟩W⟨URST⟩

Ja das machts, ich bin stumm und kann doch reden zugleich.

HERZOGIN

So sage mir doch, durch welchen Zufall bist du hier in diesen Garten gekommen? –

H⟨ANNS⟩W⟨URST⟩

Das will ich euch sagen, da bin ich auf einem Schneidergaul durch die Luft geritten. Das Luder hat hint und vorn Feuer g'spuckt, auf ein Mal ist er unter mir durch g'marschirt, und hat mich darunter g'schmissen.

HERZOGIN

Auf diese Art bist du wohl gar ein Zauberer.

H⟨ANNS⟩W⟨URST⟩

Nein kein Zauberer bin ich nicht, aber so en ordinärer Hexenmeister.

HERZOGIN

So wie ich an deiner Kleidung sehe, bist du wohl in Diensten? bei wem bist du denn?

H⟨ANNS⟩W⟨URST⟩

für sich

Nu könnt ich wohl a guts Trinckgeld verdienen, wenn ichs nur sagen dürft,

er steckt seinen Arm hin.

bei dem bin ich.

HERZOGIN

Bei deinem Arm? – ich glaube selbst, daß du beim Arm bist, und der Arm bei dir.

H⟨ANNS⟩W⟨URST⟩:

Ich glaub selbst, daß ihr beim Narren seid, und der Narr bei euch! – nein bei dem da bin ich.

HERZOGIN

Nun machst du mir ja gar eine Faust.

H⟨ANNS⟩W⟨URST⟩

Nun ja! bei dem Doctor bin ich ja.

HERZOGIN

Wie? – bei dem weltberühmten Doctor Faust?

H⟨ANNS⟩W⟨URST⟩

Ja, aber ich darfs nicht sagen, hab ich mich vielleicht schon verschnappt! – ?? –

HERZOGIN

Nein nein! Ich habe es bloß errathen.

H⟨ANNS⟩W⟨URST⟩

Ja ja, er hats verboten, ich hab aber noch nichts g'sagt!! nicht wahr?? –

HERZOGIN

Nein nein, du hast noch nichts gesagt wenn du aber bei einem solchen gelehrten Mann bist, so wirst du doch wohl auch etwas von seiner Kunst und Geschicklichkeit gelernt haben.

H⟨ANNS⟩W⟨URST⟩

O ja, er hat schon alles von mir gelernt.

HERZOGIN

Er von dir?? – Ei so macht ja die Herzogin selbst ein Compliment vor dir.

complimentiert ihn

H⟨ANNS⟩W⟨URST⟩

erwiedert es auf eine komische Art

Ja ja, er hat alles von mir gelernt.

HERZOGIN

Nun könnte man dann nichts von deiner Kunst und Geschicklichkeit sehen?

H⟨ANNS⟩W⟨URST⟩

Von meiner Kunst. – O ja! Da könnt ihr gleich was sehn, was wollt ihr denn sehn? – – wollt ihr vielleicht sehn, die egyptische Finsterniß in Baumwolle eingewickelt? –

HERZOGIN

Nein, das möchte zu traurig sein.

H⟨ANNS⟩W⟨URST⟩

Wollt ihr vielleicht sehn einen Triller, von einer gewissen großen Sängerin, in Spiritus eingemacht.

HERZOGIN

Ach nein, das haben wir nicht nöthig, wir haben selbst die vornehmsten Virtuosen bei Hofe.

H⟨ANNS⟩W⟨URST⟩

So, so, ihr habt selbst zerrissene Hosen bei Hofe, nun so will ich euch ein viehisches Stück machen.

HERZOGIN

Ein physisches Stück, willst du sagen, nun in was soll denn das bestehen?

H⟨ANNS⟩W⟨URST⟩

Ich will euch ein Feuer hervorbringen, ohne Rauch und Dampf.

HERZOGIN

Nun das muß schön sein. Laß einmal sehn.

H⟨ANNS⟩W⟨URST⟩

O ja, es ist sehr schön! – es führt nur a bißle viel Schmiral nach.

HERZOGIN

Moral willst du sagen!

H⟨ANNS⟩W⟨URST⟩

Moral, oder Schmiral, das ist mir ein Ding, nun gehts nur a bißle beiseit daß euch nichts ins Gesicht sprizt.

er hebt den Fuß auf.

Hokes bockes, rictus malagus.

HERZOGIN

Nun wirds bald.

H⟨ANNS⟩W⟨URST⟩

Gleich gleich! es ist schon unterwegs.

HERZOGIN

Ich bin sehr neugierig.

H⟨ANNS⟩W⟨URST⟩

Wird schon befriedigt werden.

HERZOGIN

Aber ich seh ja noch nichts! –

H⟨ANNS⟩W⟨URST⟩

Ich hab auch noch nichts gesehn! –

beiseit

Ich meine Trinckgeld.

HERZOGIN

Das dauert sehr lange.

HANNSWURST

Ne gute Sache will Weil haben, nu kommts, nu paßt auf, nu kommts.

er läßt einen tüchtigen Knall los, er geht auf die Herzogin los.

HERZOGIN

Zurück! zurück! – ist das ein Feuerwerk ohne Rauch und Dampf? –

H⟨ANNS⟩W⟨URST⟩

Freilich! – Das Feuer sieht man nicht, aber den Dampf schmeckt man.

HERZOGIN

Schurke! – meine Erwartung so zu täuschen, mich so zum Besten zu haben.

H⟨ANNS⟩W⟨URST⟩

Gebts mir auch mein Trinckgeld.

HERZOGIN

Trinckgeld! – Prügel sollst du haben, so bald du an die Wache kommst!

H⟨ANNS⟩W⟨URST⟩

Prügel? – Die kann ich überall umsonst bekommen, ich brauch nicht erst so weit zu reißen.

HERZOGIN

Fort aus meinen Augen! Laß dich nicht wieder vor mir sehn, und schicke mir deinen Herrn her, den Doctor Faust.

H⟨ANNS⟩W⟨URST⟩

Der macht euch ein anderes Experiment. Der Hext euch ein paar mal Hundert Tausend Mäuse ums Schloß herum.

ab

HERZOGIN

allein

Elender Wicht, meine Erwartung so zu Täuschen, aber warte! wenn Faust kömmt der soll meine ganze Rache meinen ganzen Zorn empfinde, ha da kommt ein Fremder, nach aller Beschreibung ist es Faust.

vorige FAUST

Himmel! – Hier ist die Herzogin! Ew Durchl⟨aucht⟩ werden gnädigst verzeihen, daß es ein Fremdling wagt, so unangemeldet zu Hohedenselben zu treten.

HERZOGIN

Seid mir herzlich willkommen, mein lieber Faust.

FAUST

Wie? Ew Durchl⟨aucht⟩ wissen bereits meinen Namen? – Nun da es einmal nicht anders ist, so muß ich Ew Durchlaucht bekennen, daß ich würcklich der Faust bin, wovon Ew Durchl⟨aucht⟩ schon werden gehört haben.

HERZOGIN

Wem sollte der Name eines solchen berühmten Mannes nicht bekannt sei!! Ihr seid mir herzlich willkommen willkommen, mein werther Faust. Ihr werdet auch ohne Zweifel wissen, daß mein Gemahl seit einiger Zeit in eine solche schwermüthige Gemüthsbewegung gerathen ist, daß auch nichts imstande ist, ihn davon zu befreien, auf Euch mein Fauste, habe ich mein Vertrauen, Ihr seid vielleicht imstande ihm seine vorige Heiterkeit wieder zu geben.

FAUST

Ich weiß nicht nur allein, den Grund seiner Kranckheit, sondern auch die Mittel ihn zu heilen. Er hat die Hypochontrie[101], ihm fehlt nichts als Zerstreuung, ich werde ihm solche geben, ich werde sein Zimmer in einem Augenblick in 10 Gegenstände verwandeln, auch andere Künste zeigen, woran ich Ew Durchl⟨aucht⟩ sogleich eine Probe machen kann. Seht ihr hier diese Statue, sie soll sogleich eine menschliche Gesichtsfarbe bekommen,

er berührt die Statue, und das Gesicht nimmt eine Fleischfarbe an.

noch mehr! Es soll mir erscheinen, Alexander der große Held, der Einst die halbe Welt überwunden hatte. Erscheine mir! Seht da steht das Gerippe des großen Mannes, der einst fragte, ob er jenseits auch noch Völker bekämpfen könnte. Jetzt ist er ein ohnmächtiges Gerippe, das sich ohne meine Zauberkrafft nicht von der Stelle rühren kann. Seid Ihr zufrieden, wollt Ihr glauben, daß ich der Faust bin, daß ich im Stande bin etwas zu leisten? –

HERZOGIN

ängstlich.

Ja ja ich glaube, aber lasset das häßliche Gerippe erst abgehn, mir graust vor seinem Anblick.

FAUST

Abbache!

Der Geist verschwindet

glaubet und vertrauet mir ich will den Herrn Gemahl bald wiederum gesund machen und ich Hoffe Ihr werdet mit meiner Kunst zufrieden werden?

HERZOGIN

Ich bin schon genug davon überzeugt. Ihr seid bei mir zur Tafel eingeladen, kommt und begleitet mich.

ab

FAUST

allein.

Ha! Kunst! – Ha Wissenschaft! wie glücklich machst du denjenigen, der dich besitzet, als ich noch nichts wußte, als bloß zu schreiben, und ich meine Lateinische Bibel, dem Magistrat zu Frankfurt am Main, um Hundert Goldgulden feil bot, so gab man mir die schnöde Antwort, man habe erst ein großes Faß Wein, für den Magistrat gekauft, und könne für das Wort Gottes, nicht so viel Geld ausgeben. Jetzo aber, da ich die Bibel drucken kann, und solche um zehn Goldgulden lassen kann, und dadurch reich geworden bin, so sind die Menschen ganz anders gegen mich gesinnt, man drängt sich an mich ja, ich kann nicht so viel drucken als ich Bestellungen habe. Freilich nennen mich meine Nebenmenschen, einen Schwarzkünstler, einen Teufelsbanner, weil sie nicht begreifen können, wie ich so geschwinde eine Bibel schreiben, und einmal wie das andere Mal die selbe Bibel und denselben Buchstabensaz machen kann, so lange ich lebe, will ich die Esel auch nicht klug machen.

er will ab.

Dazu Mefistopheles.

MEFIST⟨OPHELES⟩

Wo willst du hin mein Faust? –

FAUST

Denke nur mein Geist, welche Gnade ich genieße, die Herzogin will mich an die Tafel ziehen, mich da ihrem Gemahl vorstellen.

MEFIST⟨OPHELES⟩

Ich rate dir aber, gehe nicht an diese Tafel, wenn dir dein Leben anders lieb und werth ist, denn die Herzogin ist fest entschloßen, dich durch einen Gifttranck tödten zu lassen.

FAUST

Wie könnte diese edle Dame solch eine mörderische Entschließung fassen, ich habe sie ja nicht beleidiget.

MEFIST⟨OPHELES⟩

Du wohl nicht, aber dein Diener Casper[102].

FAUST

Der Schurke, der hat ihr gewiß einen seiner gewöhnlichen groben Streiche gespielt, nun so soll er zur Strafe auch nicht mehr mit. Simdemalen er meine Gebote übertretten so ist er auch aus meinen Diensten entlassen. Ergreife mich, und führe mich zurück nach Wittenberg, den Bösewicht überlasse seinem Schicksal!

MEFIST⟨OPHELES⟩

Nun dann; fasse mich bei den Haaren, spreche das Wort Wohlauf! so werden wir gleich zu Wittenberg sein.

FAUST

Nun dann – Wohlauf!

Sie fahren oben naus daß die hölzernen Beine klappern

CASPER

kommt

O Miserabel über Miserabel gehts mir. Da bin ich in dem Gasthof gerade vom Schloß herüber g'wesen, und habe mir da ne Boutelle[103] Schluckmunter geben lassen, und wie ich hab ausgsoffen g'habt und lang in die Taschen hinein; Hab ich hol mich der Guckuck, keinen Dreier mehr drin, mit dem verzweifelten Reiten, auf dem Ziegenbock ist mir das Geld, alles miteinander raus geburzelt, nun läuft mir der Hausknecht und das Kellermädchen nach, und wollen Geld haben. Ich will mich auf dieser Seite wegpacken.

er will ab

man hört den HAUSKNECHT.

No du du du! sollst mir die drei Botellien Wein bezahlen, die du hast ausgesoffen, oder ich komm rein zieh dir die Joppen aus, und nehme dirs Hütle weg, du du Schlaukel!

CASPER

Pfou Teufel, das ist der stotternde Hausknecht, wart der soll mich nicht kriegen, ich geh hier wieder zurück.

man hört die KÖCHIN

Du liederlicher Geselle! Zahl deine 6 Boutellen Wein, dein 3 Dutzend Bratwürste, und deine sieben Pfund Schinken, die du gefressen hast. –

CASPER

Pfou Teufel, nun soll ich gar 6 Boutellen zahlen, und hab nur eine getrunken, nun die verstehn die Kreide recht zu schneiden, bei mir zu Lande, macht die Kreide oft bei manchem Wirt nur zwei Strich, und die macht gar sechse.

an die Scene gehend

Habt nur Gedult bis übermorgen, da kommt mein Wechsel an von anderthalb Groschen, da will ich euch ganz auszahlen. – Wenn ich nur aber naus könnte wie mein Herr! – Der spricht nur – übel auf! so gehts, wart ich wills mal probiren – übel auf!

er springt

Das geht nicht höher als ich springen kann, warte, ich will mal die Beine recht weit vom Leibe bringen, was gilt es geht hernach besser – übel auf

er springt in dem er die Beine vorwärts hält, und fällt tüchtig auf den Podex.

O weh das ist auch nichts das thut weh, wenn nur der Stoffelfus da wäre!

er ruft

Stoffelfuß – Stoffelfuß! Goldener! silberner, bleierner, hölzerner Stoffel, Stoffel über alle Stöffelchen, komm und hilf mir.

dazu MEFISTOPHELES.

Was schreist du denn so? ich hörte dich ja überm Meere.

CASPER

Ach da bist du ja, o schöner langer, runder, kurzer, dicker Stoffel, Stoffel über alle Stoffel hilff mir doch aus der Verlegenheit. Sieh die Gläubiger wollen mirs Röckel ausziehen, aber, du Stofferl kannst mir helfen, schaff mir Geld von meinem Herrn, denn er ist mirs schon lange schuldig, helf du mir doch aus der Verlegenheit.

MEFIST⟨OPHELES⟩

Es geschieht dir schon recht, warum hast du deinen Herrn verrathen? –

CASPER

Wer hat ihn verrathen? – Ich hab ja nichts gsagt, ich hab ja nur eine Faust gemacht.

MEFIST⟨OPHELES⟩

Das war genug für eine kluge Dame.

CASPER

O liebs Stofferl! Helf mir doch, seh ich schenck dir auch die 8 Ggr die du mir noch schuldig bist.

MEFIST⟨OPHELES⟩

Das ist eine Kleinigkeit für mich, aber du dauerst mich, ich will dich zurück führen, aber zu deinem Herrn darf ich dich nicht mehr bringen, auch ist seine Zeit bald aus, wo ich ihn abholen werde, darum werde ich dir den Nachtwächterdienst verschaffen.

CASPER

Nun das thu liebs Stofferl. Hock mich auf.

er sezt sich unter allerlei Gestikulationen[104] *auf seinen Rücken und fährt mit ihm davon.*

Ende des Vierten Acts.

Fünfter Act

Straße, Nacht.

FAUST

allein

Nirgends, nirgends habe ich Ruhe. Bin ich zu Hause, so treibts mich ins Freie, bin ich da, so möchte ich wieder zurück nach meiner Wohnung. Ach ein böses Gewissen, ist doch eine schreckliche Hydra, es ist ärger als ein toller und böser Hund. Dieser hat doch noch Augenblicke, wo er ruhig liegen kann; aber ein böses Gewissen läßt uns auch keinen Augenblick in Ruhe.

dazu MEFISTOPHELES.

Mein Faust! warum so alleine? Willst du eine Freude, ein Vergnügen genießen, so befehle. Dein Freund Mefistopheles ist bereit dir alle Schäze der Welt zu schaffen.

FAUST

Keine irdische Freude kann mich nun ergözen. Ich werde mich vielmehr mit dir in ein Gespräch einlassen, du sollst mir auf meine Fragen, eine categorische Antwort ertheilen.

MEFIST⟨OPHELES⟩

kalt

Wenn ich kann, von Herzen gern.

FAUST

Nun so höre! – Ist denn die himmlische Freude, wircklich so groß, als sie uns Menschenkindern, geschildert und abgemahlet wird? –

MEFIST⟨OPHELES⟩

O, die himmlische Freude ist sehr groß, siehe diese Freude ist so groß, daß, wenn alle Menschenkinder von Anbeginn der Welt bis zu dessen Ende schreiben würden, so wären ⟨sie⟩ doch nicht im Stande den tausendsten Theil dieser Freude so zu beschreiben, wie sie wircklich ist.

FAUST

So groß ist die himmlische Freude! sage mir mein Geist, was würdest du wohl darum geben, wenn du noch könntest ein Kind der Seeligkeit werden.

MEFIST⟨OPHELES⟩

So groß ist die himmlische Freude, daß ich, wenn ich solche noch erlangen könnte, und ein Kind der Seeligkeit könnte werden, solche Leiden wollte erdulden, ja wenn ein Leiter, vom Erdboden bis ans Firmament wäre, und ein jeder Sproße, wäre mit Tausend und abermal Tausend Scheermesser besezt, und ich könnte alle menschliche Empfindungen fühlen, und wenn ich auch so klein zerschnitten würde wie der Sand am Meer, so würde ich doch mit Freuden diese Leiter besteigen.

FAUST

für sich

Dieses wolltest du thun? – Ha diese Furie beschämt dich. Sie, sie! – wollte alles wagen um aus der Qual zu kommen, und du Mensch! der du zu dieser Freude geboren, stürzest dich so muthwillig in diese Gefahr hinab;

laut

sage mir mein Geist könnte ich nicht auch noch ein Kind der Seeligkeit werden? –

MEFIST⟨OPHELES⟩

Das weiß ich nicht.

FAUST

Du mußt es mir aber sagen, laut deines mit mir gemachten Accords, alle Fragen zu beantworten.

MEFIST⟨OPHELES⟩

Und ich sage dirs nicht.

FAUST

So beschwöre ich dich.

MEFIST⟨OPHELES⟩

So fliehe ich.

er geht ab

FAUST

Ha! so fliehe hin, leidiger Satan, so weit habe ich dich gerade haben wollen, nun kann ich auch den Rest meiner Tage, meinem Schöpfer weihn.

er kniet nieder

Sieh großer Weltregent! – hier lieg ich auf meinen Füßen, ich will was ich gethan, auf meinen Knien büßen: bereuen meine Schuld, und große Missethat, die mächtger Schöpfer dich, so sehr erzürnet hat – brecht ihr Augen, brecht in lauter Tränengüssen, ach daß es möglich wär, in Blut beströmten Flüssen, und zeigt der ganzen Welt, in Faustens Beispiel an, was doch uns Sterblichen, für Unglück treffen kann.

dazu MEFISTOPHELES

Fauste! – willst du dein Leben wie ein altes Weib beschließen? Geh laß Beten beten sein, ich will dich zu einem Kaiser machen, dir schöne Kleider geben.

FAUST

Hinweg mit deinem Kleiderpracht, der nur mein Herz befleckt, weil unter diesem Goldprokat, doch nichts als Gift und Schwefel steckt.

MEFIST⟨OPHELES⟩

Ha! nun ists Zeit, daß ich aus einer Schlange, ein Frauenzimmer verfertige, Fauste muß des Teufels sein, er mag sich stellen wie er nur immer will.

FAUST

kniend

Zuvor in Purpurkleiderpracht prangt her, der stolze Prasser, nun sitzt er in der Höll, und schmacht, nach einem Tröpfchen Wasser. Lazarus, war arm, und bloß, ließ sich von Hunden lekken. Er sitzet nun in Abrahams-Schoß, läßt sich von dem Himmel schmecken. Judas, hat durch bloßen Kauf, sein Glück und Heil verschwendet. Zuletzt nahm der Herr den Schächer auf, der sich zu ihm gewendet. O so wende ich mich auch zu dem Heil, ach Herr gedenke meiner, schenk mir doch deinen Gnadenteil denn ohne dich, hilft keiner.

Voriger Mefistopheles mit einem Frauenzimmer dessen Körper, unten sich in einen Schlangenschwanz verwandelt.

MEFIST⟨OPHELES⟩

ruft

Fauste! –

FAUST

Ha! wer rufet?

MEFIST⟨OPHELES⟩

Sieh hier die schöne Helena, um welcher willen, ist ganz Troja vernichtet worden.

FAUST

Was will sie?

MEFIST⟨OPHELES⟩

Dich glücklich machen!

FAUST

Auf der obern Welt, wie sieht es aber aus, in jener duncklen Ewigkeit? –

MEFIST⟨OPHELES⟩

O, wer wird daran denken! sehe, betrachte einmal wie schön, wie reizend Helena ist.

FAUST

Ist sie denn so schön?

MEFIST⟨OPHELES⟩

O zum Entzücken schön.

FAUST

Ja ja, sie ist auch schön,

beiseit

verzeihe mir denn du gütiger Himmel, daß ich hier diese Schönheit noch einmal über meine Buße thriumphiren lasse. Es ist ja morgen noch Zeit genug zur Bekehrung. Der Geist ist zwar willig, aber das Fleisch ist schwach, komm schönes Helenchen, schließ dich in meine Arme ein; Ich liebe dich, und will dein Paris sein.

MEFIST⟨OPHELES⟩

lacht

Da sieht man wohl, daß das Sprichwort wahr ist, was der Teufel selbst nicht kann, das stellt er durch ein Weibsbild an.

ab.

FAUST

Nun schönes Helenchen komm laß dich umarmen, laß uns ganz glücklich sein.

Donner und Bliz Helena verwandelt sich in eine Schlange, und speut Feuer.

FAUST

O proterque! proterque! in felix![105] hat mich denn der Teufel zum zweitenmal betrogen! – Als ich diese Schönheit in meine Arme schließen wollte, so verwandelte sie sich in eine Schlange, die mir mit Feuerflammen alle meine Sünden in das Angesicht speite! – Ha, ich will mich dennoch bekehren, ich will beten, nein ich kann nicht mehr, o ich verworfener!

MEFIST⟨OPHELES⟩

ruft

Fauste!

FAUST

Was gibts? – wer rufet?

MEFIST⟨OPHELES⟩

Preporate'![106]

FAUST

Bereite dich, rufst du mir zu! – Zu was?? – Zu Qual und Jammer?
Der Teufel ruft mir schon, in seine Folterkammer,
Faust! Faust! bereite dich, das will was Großes sagen,
Die Teufel wollen dich, zu allen Teufeln tragen.
Es zittert Hand und Fuß, es bebet Leib und Geist,
Mein Herze sagt mir schon, war Preporate' heißt.

heftig fast in Verzweiflung

Ja ja! – ich bin bereit, der Höllen zuzueilen.
Denn mein Gewissen, fühlt die Schärff der Donnerkeilen.
So kommt ihr Teufel dann, führt Faust zur Hölle hin.
Dieweil ich schon bereit, zu der Verdammniß bin.

man hört die Glocke 9. schlagen

CASPER

als Nachtwächter

Hört ihr Herrn und laßt euch sagen, der Hammer hat 9 Uhr geschlagen, verwahret euer Feur und Licht, u⟨nd⟩ daß der Knecht und Magd nicht sticht.

er bläst und geht wieder ab ohne Fausten gesehn zu haben

EINE STIMME

ruft

Faust!

FAUST

wer rufet?

STIMME

Accusatus est![107]

FAUST

Nun bin ich schon verklagt! –
Verklagt von meinen Sünden.
Wo werd ich armer Faust,
Trost, Rath, und Hilfe finden.
Vor Angst wird mir zu klein
Die weit und breite Welt.
Hier liegt der Höllenhund;
Der ins Gewissen bellt.
Lernt Sünder, lernt von mir, des Satans Neze fliehen, wenn er euch nicht wie mich, soll nach der Hölle ziehen.
O hartes Donnerwort, hört was der Satan sagt! Faust, Faust. Du bist bei Gott verklagt.

Es schlägt 10 Uhr

CASPER

als Nachtwächter wie oben ruft

Hört ihr Herrn und laßt euch sagen, mein Nachbar hat mein Pudel erschlagen. I bitt gar schön aus Herzensgrund machts mer aus 'nem andern Hund, an Pudel, an Pudel.

ab.

STIMME

Fauste! Judicatus est.[108]

FAUST

Nun bin ich schon gericht das Urteil ist gesprochen,
Und über mich der Stab mit ach und weh gebrochen.
Halt Richter! halte ein! verschone deinen Knecht!
Allein es ist umsonst, sein Urtheil ist gerecht!
Ich selbsten habe mich dem Teufel übergeben.
Das bricht mir auch den Hals, o unglücksel'ges Leben,
So ich geführet hab, niemand beklaget mich: Der Himmel ruft mir zu: Er hat mich selbst gericht. O Angst erfüllte Stimme! – bei dessen Wiederhall, ich wie ein Würm mich krümme. Ach! Schöpfer, kann es sein, so richte mich doch nicht!

Jedoch sein Wort ist g'recht, er hat mich selbst gericht.

Es schlägt 11 Uhr

CASPER

wie oben

Hört ihr Herrn und laßt euch sagen, der Hammer hat schon Eilfe g'schlagen.
Verwahrt das Feuer und auch die Kohlen! Der Teufel wird den Faust bald holen. Ha guten abend Herr Fäustling. Hörts mal Herr Fäustling, ihr seid mirs Monatsgeld noch schuldig, vom lezten Monat her, gebts mirs doch jezt gleich. Ich brauch es gar zu nothwendig. –

FAUST

Ach mein Diener! Ich habe nicht, der Teufel hat mich so arm gemacht, daß auch das nicht mehr mein ist, was ich in und an mir habe.

CASPER

Es g'schieht euch schon recht! – Warum habt ihr mit dem Teufel ang'fangen, schauts mir war der Teufel nicht g'scheit genug, ich hab ihm noch 12 Gr dazu abgewonnen.

FAUST

beiseit

Ich muß mich suchen durch diesen Narren von dem Teufel los zu reißen.

laut

Mein lieber Casper! ich wollte gerne bezahlen, aber Geld habe ich nun keines, ich will dich aber auf eine andere Art befriedigen. Ziehe deine Kleider aus, lege die meinigen dafür an, so kommst du zu deiner Bezahlung, und ich von meiner Schuld!

CASPER

schüttelt den Kopf

Na a – da könnte der Teufel gar den Unrechten Erwischen, – nein nein, ich will lieber das Geld verlieren, ehe so ein großer Irrthum passiren soll, thuts mir lieber einen Gefallen dafür.

FAUST

Herzlich gerne, sage nur welchen?

CASPER

Grüßts mir, wenn ihr in die Hölle kömmt, meine Großmutter

dafür. Sie sitzt gleich No 1. so rechter Hand, wenn man in die Hölle hineingeht, nun ich wünsche eine glückliche Fahrt, und wenn ihr mal wieder auf d'Welt kommt, so seids klüger, fangts mit'm Teufel keine Scheißerei an, das ist gar a grober Gsell, der bricht einem den Hals, er fragt nicht einmal nach, obs auch weh thut.

ab

STIMME

Fauste! In eternum domnatus est.[109]

FAUST

Verdammt? – in alle Ewigkeit verdammt, zu jenen Finsternissen, was werd ich armer Faust, allda empfinden müssen!
Verflucht hab ich gelebt!
Verflucht fahr ich dahin!
Mein Ende ist also, wie ich gewesen bin. Verdammt sei alle Kunst, und alle Wissenschaft. Verdammt sei alles Thun, sobald es lasterhaft. Verdammt sei Faustens Leib, verdammt sei Faustens Seel, in alle Ewigkeit,
o weh! o weh!

Eine Menge Teufel holen ihn ab

CASPER

der von ferne mit zugesehen winkt ihm nach

Glückliche Reiße, glückliche Reiße. Pfou Teufel, der hat schöne Kammerdiener, die können einander zurufen, Bruder tritt mir nicht auf den Schwanz![110]

EINE FURIE

schwebt hernieder und spricht

Ich bringe dir ein Gegencompliment, von deiner herzallerliebsten Großmama!

CASPER

Ei! ei! – was macht denn meine Großmutter in der Hölle

FURIE

Ha Sie thut nichts als Heulen und Zähnklappern!

CASPER

Ei so lüg du und der Teufel! Zähnklappern solls, und hat kein einzigen Zahn mehr im Maul g'habt. Sie müßte dann grade mit dem A⟨rsch⟩ klappern.

FURIE

Willst du mit?

CASPER

Nein.

FURIE

So sage mir wo du her bist.

CASPER

Ich bin von Weimar.

Furie schnell ab

CASPER

Ich gratuliere, ich gratuliere, wer von Weimar ist den holt der Teufel nicht, aber ich muß mich weg packen denn er möchte es gewahr werden, daß ich nicht von Weimar bin, und könnte mich abholen.

Gute Nacht.

ab

Fini[111]

5. Zur Stoffgeschichte: Faust auf dem Marionettentheater

Im achtzehnten Jahrhundert waren Schauspiele mit menschlichen Darstellern und Marionettentheater noch nicht in der Weise getrennt, wie wir es später als selbstverständlich betrachten: Hier die hohe Schauspielkunst in ihren Tempeln, den Theaterhäusern, die den Auftritten des gebildeten Bürgertums einen angemessenen Rahmen zur Darstellung ihres Bildungsselbstverständnisses bieten, dort die erbärmlichen Jahrmarktschaustellungen in primitiven Bretterbuden oder gar unter freiem Himmel für die einfachen Leute. Bis weit in die zweite Hälfte des achtzehnten Jahrhunderts hinein mussten die wandernden Schauspielertruppen sich genau wie das übrige »fahrende Volk« ihre Spielstätten auf Jahrmärkten, in Rathäusern, Ballhöfen oder Gastwirtschaften suchen, mussten bei den Stadtvätern oder fürstlichen Kanzleien demütig um die Erlaubnis nachsuchen, ihre Künste zeigen zu dürfen. Darin konkurrierten sie mit anderen Künstlern, eben den Marionettenspielern, die ihre Stücke ebenso von der Menschenbühne abguckten, wie sie die Schauspieler möglichst naturgetreu mit ihren mechanischen Figuren nachzuahmen versuchten.

Ja, manch ein Theaterprinzipal führte die hölzernen Akteure sogar in einer Kiste mit, um sich ihrer zu bedienen, wenn die Zeitumstände die aufwendige Erhaltung einer ganzen Gesellschaft von Schauspielern nicht erlaubten. Zum Ende des Jahrhunderts hatten sich die Bedingungen für beide Sparten gründlich geändert. Derweil immer mehr feste Theaterhäuser entstanden, der Schauspielerberuf an Ansehen gewann, das Bürgertum seine eigene Theaterkultur entwickelte, verfiel das Marionettenspiel hochmütiger Missachtung. Es galt als pöbelhaft, als abgeschmackt und in seiner derben Aggressivität womöglich gar als gefährlich für den sozialen Frieden; in seinen alten Stoffen sahen die Volkserzieher den Inbegriff der Unbildung.

Dass es zu Konkurrenzsituationen kommen konnte, wie sie hier bereits geschildert worden sind, blieb die Ausnahme.

Denn die Bezirke, in denen man spielte, und nicht zuletzt das Publikum blieben streng getrennt. Allerdings setzte bald eine neue Aufmerksamkeit für das Marionettentheater ein. Als aus der Romantik mit ihrem überaus lebhaften Interesse an mündlich überlieferten Stoffen und Traditionen die Germanistik entstand, da begannen die ersten Forscher bald, den Resten alter Theaterüberlieferung nachzuspüren. Im Brettergerüst der Marionettenbühnen glaubten sie etwas davon zu finden. Ihr Interesse galt vor allem dem Faust-Stoff vor Goethe[112] – eben dem Stoff, weit weniger aber den Akteuren selbst, denen die Wissenschaft die Bewahrung dieser alten Stoffe zu verdanken hatte. Die Frage danach, wer Gestalten wie Geißelbrecht eigentlich gewesen seien, unter welchen Umständen und mit welchen Wirkungen sie ihre Tätigkeit entfaltet hätten, blieb lange von geringem Interesse.

Dabei zeigt sich gerade in der für die Germanistik seit ihrer Gründung so wichtigen Erforschung des Faust-Stoffes, wie erhellend die Einbeziehung des Puppenspielers in die Frage nach dem Puppenspiel sein kann. Aus der Kenntnis von Geißelbrechts Tätigkeit als Prinzipal eines Wandermarionettentheaters können wir Aufklärung gewinnen über eine Reihe von Einzelheiten über das Puppenspiel im Übergang vom achtzehnten zum neunzehnten Jahrhundert. Dabei wird deutlich, wie sich der allmähliche Übergang vom mit menschlichen Darstellern arbeitenden Theater zum Spiel mit Puppen vollzog und welche Veränderungen der Faust dabei erfuhr.

Denn so lange das Faust-Spiel von Wanderbühnen aufgeführt wurde, unterlag es vielen Veränderungen. Die zeitgenössischen Marionettenaufführungen gaben, weil das Puppentheater sich am Menschentheater orientierte und es kopierte, immer ein mehr oder weniger getreues Abbild des Schauspiels. Erst nachdem Stoffe wie der Faust nur noch von Puppentheatern dargestellt wurden, vollzog sich eine Anpassung an das andere Medium, und es entstanden Veränderungen, die durch spezifische Aufführungsbedingungen der Marionetten- und Handpuppenbühnen gefordert wurden.

Damit erhalten die Texte, die mit dem Namen Geißelbrecht verbunden sind, eine größere Bedeutung, als es die ersten Faust-Forscher gesehen haben. Und die Person Geißelbrechts tritt deutlicher als ein Mittler hervor: zwischen der Wiener Umarbeitung des achtzehnten Jahrhunderts und der Gestalt, in der das Puppenspiel im frühen neunzehnten Jahrhundert überliefert wurde.

In Wien eröffnete 1667 der Italiener Peter Resonier das erste stehende Marionettentheater im deutschen Sprachraum, das sich vierzig Jahre hielt und auch das Puppenspiel vom Doktor Faust im Repertoire hatte. Der italienische Einfluss wird durch eine Nachricht über den Pulcinellaspieler Stephan Landolfi deutlich, der dort im Jahr 1669 große Erfolge feierte. Von 1669 bis zu seinem Tod konnte der Österreicher Joris Hilverding erfolgreich in Wien spielen. Sein Sohn Johann Baptist folgte ihm und entwickelte das durch die *Commedia dell'arte* geprägte Pulcinella- oder Policinellspiel weiter. Gemeinsam mit dem eigentlichen Begründer des Wiener »Volkstheaters«, Joseph Anton Stranitzky, wechselte Hilverding 1705 zum Spiel mit lebendigen Schauspielern. Doch auch Stranitzky war zuerst Puppenspieler gewesen und setzte diese Tradition noch in Wien fort. In der zweiten Hälfte des siebzehnten Jahrhunderts und in den ersten Jahrzehnten des achtzehnten Jahrhunderts ist eine Reihe von Auftritten der Wiener Puppenspieler in Deutschland belegt.

Auch Stranitzkys Nachfolger, Gottfried Prehauser, trat im Personen- wie im Marionettentheater auf. So kann die Entwicklung der Wiener Haupt- und Staatsaktion und die Veränderung der lustigen Person vom Hanswurst zum Kasperl, den Johann Laroche seit 1769 auf der Menschenbühne darstellte, immer zugleich auch als Prozess auf dem Marionettentheater betrachtet werden, an dessen Ende das Puppenspiel steht, wie es durch Geißelbrecht und andere um die Wende zum neunzehnten Jahrhundert zuerst im süddeutschen Raum und später in ganz Deutschland aufgeführt wurde. In diesen Zusammenhängen liegt wohl auch der Grund dafür, dass die falsche Annahme von Geißelbrechts Geburtsort Wien nie korrigiert wurde. Denn der Marionetten-Prinzipal war nur als Überlieferer des Puppen-Faust interessant, für sein übriges Repertoire interessierten sich die Literaturwissenschaftler nicht.

Da das Puppenspiel vor allem als Schwundstufe vergessener Theatertraditionen betrachtet wurde, galten Reste von Alexandriner-Versen in verschiedenen Puppenspielen manchen Forschern als Belege für ein hohes Alter der *Faust*-Manuskripte: Sie verweisen auf das siebzehnte und frühe achtzehnte Jahrhundert, in denen er in Deutschland dank der Versreform Martin Opitz' zum Lieblingsvers des Barockzeitalters geworden war. Auch die Wiener Haupt- und Staatsaktions-Stücke hatten sich seiner bedient.[113] Nicht das ganze Schauspiel vom Doktor Faust allerdings, sondern nur die dramatischen Szenen vor der Verdammnis sind damals in Verse gesetzt worden.

Und doch muss man sich hüten, aus Alexandrinerresten in Puppenspielmanuskripten genauere Genealogien ableiten zu wollen. Randbemerkungen, die Geißelbrecht in sein Manuskript notierte, belegen, dass bis in dieses neunzehnte Jahrhundert hinein die Verse immer wieder neu gefasst, die traditionellen Formen fortwährend den Publikumserwartungen angepasst wurden. So gestaltete Geißelbrecht die Klage Fausts vor seiner Höllenfahrt folgendermaßen um:

> Was hülf ein Reichsein hier was Schönheit, Gut und Geld, Ich sehe dass das Licht der Sonne mir sich schwärzt. Den Erdball hielt ich fest, der Himmel ist verscherzt. Die Sterne rollen ab Es fällt ein eitler Dunst Ein Irrlicht dass ergriff ich statt Natur und Kunst. Hörst du, was selbst die Nacht im Sternenlicht dir sagt: Faust, weil du mich verkannt, Faust, so bist du verklagt. Nun ist mein Sach bestellt, Mein Urteil ist gesprochen, Wo ist der Glanz der Welt, der noch vor wenig Wochen, So reizend mir erschien Dass er mich nun verläßt Und nichts mir klingt in's Ohr Als Accusatus est. Dies Accusatus est Das unterm Lebensbaum Einst Eva schon vernahm Erweckt auch mich vom Traum, Nie hat ein Sünder schwer Wie ich die Schuld gefühlt, Ich fühl es wie der Romulus (?) Ich fühl's es ist verspielt.[114]

Das aber sind, mitten in der Zeit der Weimarer Klassik, neu verfasste Alexandriner-Verse – die sich anhören, als entstammten sie einer längst vergangenen Epoche (was sie in ihrem Duktus und gewiss in einer Reihe einzelner Wendungen und Motive ja auch tun). Setzt man die von Geißelbrecht notierte Passage in entsprechende Druckzeilen und ergänzt seine flüchtige Interpunktion, wird das sofort sichtbar – umso mehr, als Geißelbrecht auch die vom Alexandriner erforderte Binnenzäsur jedes Verses häufig durch Großbuchstaben zusätzlich hervorhebt:

> Was hülf ein Reichsein hier? was Schönheit, Gut und Geld?
> Ich sehe, dass das Licht der Sonne mir sich schwärzt.
> Den Erdball hielt ich fest, der Himmel ist verscherzt.
> Die Sterne rollen ab. Es fällt ein eitler Dunst
> Ein Irrlicht, dass ergriff ich statt Natur und Kunst.
> Hörst du, was selbst die Nacht im Sternenlicht dir sagt:
> Faust, weil du mich verkannt, Faust, so bist du verklagt.
> Nun ist mein Sach bestellt, Mein Urteil ist gesprochen,
> Wo ist der Glanz der Welt, der noch vor wenig Wochen,
> So reizend mir erschien? Dass er mich nun verlässt
> Und nichts mir klingt in's Ohr Als: *Accusatus est.*
> *Dies Accusatus est* Das unterm Lebensbaum
> Einst Eva schon vernahm, Erweckt auch mich vom Traum.
> Nie hat ein Sünder schwer, Wie ich, die Schuld gefühlt,
> Ich fühl es wie der Romulus (?), Ich fühl's, es ist verspielt.

Es sind noch einige weitere Verse und Vers-Trümmer erhalten, in denen der Grundton der barocken *vanitas*-Mahnung ebenfalls mitschwingt. Deren Tradition erweist sich in dieser naiven Dichtung als offenbar sehr beharrlich; eine *zeitliche* Zuordnung dieser Verse zum »Barock«, ein Schluss auf das Alter der Texte aus der Form der Verse ist äußerst problematisch. Im populären Puppenspiel gelten andere Regeln und Zeitmaße.

Günther Mahal, der große Erforscher des Faust-Puppenspiels, hat im September 1999 anlässlich eines Symposiums über »Faust um 1775« von der »Konjunktur« des Faust-Stoffs um 1775 gesprochen, und er hat diese Zeit als eine »Weichen-Phase« bezeichnet. Das ist gut begründet. Denn innerhalb weniger Jahre hatte eine Art Paradigmenwechsel stattgefunden; der Stoff, der im sechzehnten und siebzehnten Jahrhundert von der Höhe des Elisabethanischen Theaters in die Niederungen der Bühnen von Wanderschauspielern und Marionettenprinzipalen hinabgestiegen war, wurde aufs Neue literarisiert.

Tatsächlich lassen sich um die Mitte der zweiten Hälfte des achtzehnten Jahrhunderts wichtige Veränderungen in der Stoffgeschichte des Faust-Komplexes erkennen. Gerade fünfzig Jahre vorher war mit dem – ja auch für Goethes *Faust* so wichtigen – Faust-Buch des »Christlich Meynenden« ein Bestseller erschienen, der mit seinen etwa dreißig Auflagen einen Großteil des gebildeten Publikums erreichte und die Geschichte vom Teufelsbündner zum Gemeingut machte. Für die Nichtgebildeten und die des Lesens Unkundigen gab es seit Anfang des siebzehnten Jahrhunderts den Faust der Marionettentheater. In einer parallelen Entwicklung leitete auch er sich von den Stücken der Wanderbühnen ab, die eine theatrale Tradition aus dem letzten Jahrzehnt des sechzehnten Jahrhunderts fortsetzten.

Nach dem intellektuellen Höhenflug von Christopher Marlowes *Doctor Faustus* im Jahre 1592 (der seinerseits auf das deutsche »Volksbuch« zurückging) siedelten die wandernden Komödianten ihr davon abgeleitetes Faust-Spiel neben Jokus und Klamauk an und trugen entscheidend zu jener Trivialisierung des Stoffes bei, die von der Aufklärung so vehement bekämpft wurde. Aber nicht nur Goethes[115] berühmtes Zeugnis von der Puppenspielfabel, die vieltönig in ihm »klang und summte« (wie er in *Dichtung und Wahrheit* schreibt) und sein vermutlicher Besuch einer Aufführung der Ilgnerschen Gesellschaft 1770 in Straßburg[116] zeigen, wie sehr die Faust-Tradition aus den Niederungen der volkstümlichen Unterhaltungskultur ihn und andere Autoren der Goethezeit beeinflusst haben muss.

Wenn also das Datum 1775 an die Rückgewinnung des »Volksbuch«-Stoffes aus dem sechzehnten Jahrhundert für die

Literatur gemahnt, so darf doch nicht außer Acht gelassen werden, dass es bis zum endgültigen Niedergang des Marionetten-Faust noch gute hundert Jahre dauerte. Unsere Kenntnisse von jenen Stücken, die zunächst die wandernden Komödianten und dann die Marionettenspieler zwischen 1660 und 1775 zur Aufführung brachten, sind denkbar gering und lückenhaft. Manuskripte der Wanderbühnen haben sich nicht erhalten, so dass wir allein auf Theaterzettel und sekundäre Zeugnisse angewiesen sind.

Das früheste vollständige Faustspiel der Marionettenbühnen ist erst 1804 aufgeschrieben worden, also rund dreißig Jahre nach unserem Bezugsdatum. Und sein Verfasser, der berühmte Marionettenspieler Geißelbrecht, war 1775 erst dreizehn Jahre alt gewesen. Dennoch lässt sich gerade in den Manuskripten dieses Puppenspielers die Endstufe jener zweihundertjährigen Entwicklung greifen, die uns einen Marionetten-Faust hinterlassen hat, in dem die vielfältigen Entwicklungen und Veränderungen des Faust-Stoffes genau dokumentiert sind.

Die Bedeutung dieser Tradition ist eine zweifache. Zunächst hatte die dramatisierte Fassung der Faust-Sage eine weitaus größere Publikumswirkung als die verschiedenen Faust-Bücher von 1587, 1599, 1674 und selbst von 1725. Nicht diese Bücher, sondern die viel unterhaltsameren Haupt- und Staatsaktionen und der Klamauk auf der Marionettenbühne trugen zu der außerordentlichen Popularität des Stoffes bei. Zum anderen ist der Einfluss dieser Traditionslinie auf die Dichter seit Lessing immer wieder unterschätzt worden. Bis in die Struktur von Goethes *Der Tragödie zweiter Teil* wirken Elemente der theatralischen Faust-Fabel nach, deren Reise zum Hofe des Kaisers ebenso wie die Beschwörung Helenas Eingang in die Dichtung gefunden haben.

Das Jahr 1775 soll also ein Anlass sein, noch einmal auf jene zweihundert Jahre zwischen 1600 und 1800 zurückzublicken, in denen der Sagenstoff für die Bühne geformt und verändert wurde. Dabei rekonstruiere ich Gestalt und Wandel der Faust-Dramen, soweit dies mit Hilfe der von mir zusammengetragenen Dokumente möglich ist. Geißelbrechts Faustspiel repräsentiert die Endphase jener Entwicklung wie kein anderer der später aufgeschriebenen Texte für das Marionettentheater.[117]

Schon kurze Zeit nach dem Erscheinen der ersten Buchausgabe der *Historia von D. Johann Fausten* (1587) also schrieb der englische Dramatiker und Shakespeare-Zeitgenosse Christopher Marlowe ein Faustdrama mit dem Titel *Doctor Faustus*, das nachweislich 1594 in London erstmals aufgeführt wurde. Marlowe verwandelt den negativen Helden der *Historia*, der als religiös motiviertes abschreckendes Beispiel für den Pakt mit dem Teufel dargestellt wird, in einen Renaissance-Gelehrten, der die Grenzen der menschlichen Erkenntnis sprengen will und deshalb das Bündnis mit dem Bösen eingeht.

Englische Komödianten brachten dieses Stück um 1600 auf den Kontinent und auch nach Deutschland; hier wurde es zuerst in englischer Sprache gegeben, dann nach und nach ins Deutsche übertragen. In einem allmählichen Assimilationsprozess verwandelten die Wanderschauspieler Marlowes *Doctor Faustus* in ein deutsches Faust-Spiel, dessen Szenenfolge manche Parallelen zum Drama des Engländers aufweist, das sich aber immer weiter von ihrem Vorbild entfernte. Während die Faust-Handlung mit Beschwörung, Teufelspakt, der Reise zum Hofe des Kaisers und der Höllenfahrt Fausts weitgehend erhalten blieb, wurden die Szenen der lustigen Figuren verändert. Aus ursprünglich mehreren Clowns der englischen Vorlage wurde die Gestalt des einen Lustigmachers, der sich allmählich zur Kontrastfigur des Helden weiterentwickelte. Ein Prolog aus einem Drama von Thomas Dekker wurde dem Faust-Spiel vorangestellt, in dem die höllischen Furien vor Pluto erscheinen und von ihm die Erlaubnis erhalten, Faust zu versuchen.

In dieser Gestalt begegnet uns das Faust-Drama nach dem Ende des Dreißigjährigen Krieges in mehreren deutschen Städten. Es war nun zu einer der Haupt- und Staatsaktionen geworden und gehörte zum unentbehrlichen Repertoire der Wanderbühnen.

Wie viele andere populäre Stoffe des Theaters wurde auch das Faustthema in Wien aufgegriffen und dort zu Beginn des achtzehnten Jahrhunderts nachhaltig verändert. Wien als Residenzstadt und Metropole der Donaumonarchie bildete im achtzehnten Jahrhundert ein Zentrum, in dem sich viele kulturelle Einflüsse trafen; wichtiges Merkmal des Wiener »Volkstheaters« ist der Hanswurst. Diese lustige Figur, deren Vorgänger im siebzehnten Jahrhundert bereits unter dem Namen Pickelhäring bekannt war, ist der direkte Erbe der Clowns der englischen Komödianten.

Einen einheitlichen Text, den man einem individuellen Autor zuschreiben könnte, hat es nie gegeben; und vollständig ausgeschriebene Rollentexte für das Menschentheater sind nicht überliefert. Über den Inhalt der Stücke sind wir lediglich aus zeitgenössischen Beschreibungen informiert. Was wir aus solchen Quellen kennen, sind die Szenarien, die auf den Theaterzetteln zusammengefasst werden und die sich manchmal bis zu knappen Inhaltsangaben ausweiten.

Auch Marionettenspieler nahmen das umgestaltete Faust-Spiel in ihr Repertoire auf. Bei ihnen wurde der Hanswurst zur eigentlichen Hauptfigur. Selten hieß er anfänglich noch wie in der französischen Tradition »Arlequin«, später wurde ganz überwiegend das deutsche »Kasperl« gebräuchlich. Lediglich von diesen Marionettenspielen sind vollständige Manuskripte erhalten – die allerdings alle erst nach 1800 niedergeschrieben wurden.

Auf den Jahrmärkten des siebzehnten Jahrhunderts wurde das eingedeutschte und mannigfach veränderte Schauspiel vom Doktor Faust in primitiven Bretterbuden aufgeführt; manche dieser Theaterdirektoren gaben gleichzeitig auch Vorstellungen mit Marionetten. Puppenspieler haben seit Mitte des siebzehnten Jahrhunderts neben den Wanderschauspielern die Jahrmarktbesucher und anderes Publikum in den Städten mit ihren Künsten unterhalten. Die an Fäden oder Drähten von oben geführten Gliederpuppen wurden von ihren Prinzipalen benutzt, um das Spiel auf den Brettern der großen Bühnen zu kopieren, auf denen lebendige Menschen agierten. Die Grenzen zwischen dem Puppen- und Menschentheater blieben fließend; die Überlieferung der Faust-Spiele lässt sich von beiden Gruppen des »fahrenden Volks« nicht lösen.

Um die Mitte des achtzehnten Jahrhunderts regte sich Kritik am rohen Spiel der Wanderbühnen; eine Theaterreform, die vom erzieherischen Gedankengut der Aufklärung geprägt war und die in Deutschland vor allem mit dem Namen Gottscheds verbunden ist, versuchte das Theater zu didaktisieren und moralisch zu reinigen. Dies und die Tatsache, dass die fahrenden Schauspieler in der bürgerlichen Wahrnehmung als diskreditiert erschienen – da man ihnen wegen ihres niederen sozialen Status mancherlei unehrenhafte Absichten unterstellte –, führte zu einer Diskriminierung auch vieler alter Stücke, darunter vor allem des Doktor Faust, den man noch zu Zeiten Lessings als der erneuerten deutschen Bühne unwürdig betrachtete. Gleichwohl war es eben Lessing, der ein Faust-Drama plante und sogar einige Entwürfe hinterlassen hat, ohne allerdings ein Konzept zur Vollendung des Stücks zu finden. Erst die junge Generation um Goethe nahm sich in der Zeit des »Sturm und Drang« der Stoffe aus der Vorzeit wieder an und fand neues, genieästhetisches Interesse an der Faustgestalt.

Von den Puppenspielern dieser Zeit, von denen einige mit einer ganzen Gesellschaft, später nur noch mit wenigen Gehilfen umherzogen, ist wenig bekannt. Die ehrbaren Bürger erfreuten sich zwar gerne am bunten Treiben in ihren Buden und ließen sich von den derben Späßen und Zoten unterhalten. Von den Spielern selber aber wollte man nichts wissen und achtete streng darauf, dass sie nur wenig Gelegenheit hatten, gegen die Regeln der städtischen Ordnung zu verstoßen. Strenge Vorschriften reglementierten ihre Wirkungskreise und schränkten ihre Auftrittsmöglichkeiten oft bis zur Grenze der ökonomischen Existenz ein.

Ein Teil der Schausteller wurde durch übermäßig harte Vorschriften und eine permanente gesellschaftliche Ausgrenzung geradezu kriminalisiert. Waren im frühen siebzehnten Jahrhundert noch vagierende Studenten am Wandlungsprozess der Faustspiele beteiligt, so entspricht der Bildungsstand der Marionettenspiele des achtzehnten Jahrhunderts eher dem der Handwerker; man erkennt dies vor allem an den verderbten griechischen und lateinischen Sentenzen, die von den Spielern zwar noch gesprochen, aber nicht mehr verstanden werden.

Diese Entwicklungen haben den Faust-Spielen nicht gut getan, und sie haben vor allem – da es ja nur eine mündliche Überlieferung gab – der Dialoggestaltung erheblich geschadet. In dieser heruntergekommenen theatralischen Gestalt haben die Gebildeten der Goethezeit die Faust-Sage kennengelernt.

6. Geißelbrechts Text: Zur Geschichte der Überlieferung

Die literarischen, theater- und mediengeschichtlichen Dokumente[118] der Sammlung »Volkstheater« im Goethe- und Schiller-Archiv sind lange Zeit in ihrer Bedeutung nicht erkannt worden, auch nicht von der Puppenspielforschung. Wenn man die Stücke mit der Repertoireliste vergleicht, die etwa siebzig Stücke umfasst, so wird deutlich, dass es sich bei der Weimarer Sammlung um das vollständige Repertoire des Marionettenspielers Geißelbrecht handelt, das er in den rund vierzig Jahren seines nachweisbaren Wirkens zwischen 1785 und 1826 in weiten Teilen des deutschen Sprachraums zur Aufführung gebracht hat.

Wir verdanken diese einmalige Dokumentation einer um 1800 äußerst lebendigen Volksbelustigung dem Interesse des bereits erwähnten Weimarer Goethe-Freundes Johann Daniel Falk, auf dessen Drängen hin der ihm mehrfach verpflichtete Mechanikus die nur mündlich tradierten und vielfach extemporierten Stücke innerhalb eines Zeitraums von zehn Jahren aufgeschrieben hat.

Das Faustspiel, das den Wanderbühnen im siebzehnten und achtzehnten Jahrhundert als Grundlage für ihre Aufführungen gedient hat, ist als Manuskript nicht überliefert; es lassen sich aber durch Vergleich der Quellen die Szenen bestimmen, aus denen es zusammengesetzt war. Bei dem folgenden Schema handelt es sich also um die durch Abstraktion gewonnene idealtypische Struktur der in ihren einzelnen Aufführungen vielgestaltigen Stücke.

Szenenfolge des Faust-Spiels der Wanderbühnen
(17. und 18. Jhd.)

Vorspiel in der Hölle
Monolog Fausts in der Studierstube
  Hanswursts Monolog
Zwei Studenten bringen Faust ein magisches Buch
  Aufnahme Hanswursts durch Wagner als Diener
Faust beschwört die Teufel
  Hanswurst parodiert die Beschwörung
Fausts Pakt mit dem Teufel
  Hanswurst foppt die Teufel
Reise Fausts an den Hof des Herzogs von Parma
  Hanswurst reist ihm mit einer Furie nach
  Hanswurst foppt den Herzog
Faust beschwört am Hofe Gestalten der Antike
  Bestrafung Hanswursts und Rückkehr nach Wittenberg
Ablauf der Frist, Fausts Reue
Der Teufel schickt eine Furie in Gestalt der schönen Helena
  Hanswurst kündet als Nachtwächter die Mitternacht an
Fausts Höllenfahrt

In gleicher Gestalt wurde der Faust auch von Marionettenspielern gegeben. Bereits aus dem Jahr 1661 ist ein Anschlagzettel überliefert, auf dem eine Truppe von Marionettenspielern ihre Künste den Bürgern von Oldenburg ankündigt.[119] Aus dem achtzehnten Jahrhundert kennen wir eine Fülle von Dokumenten, die von Auftritten der Marionettenspieler berichten. Für die sich allmählich herausbildende bürgerliche Kultur bedeutete die Jahrmarktsbelustigung zunächst wenig; erst die Romantiker erkannten die Bedeutung der alten Stoffe und Überlieferungen.

Während der ersten Phase der Faust-Forschung wurde Geißelbrecht, wie schon erwähnt, aus der Masse der Puppenspieler herausgehoben, weil ein ihm zugeschriebenes spätes Manuskript das erste Faust-Puppenspiel war, das im Druck erschien (1832). Karl Simrock nutzte auch dieses Manuskript zur Herstellung seiner Version des Puppenspiels vom Doktor Faust, bei der er auf ältere Überlieferungen zurückgriff. Simrock hielt den von der Gesellschaft Schütz und Dreher[120] gespielten Faust für die älteste und ursprünglichste Fassung des Faust-Puppenspiels; der damals allein bekannte Text Geißelbrechts war für ihn »nur ein verworrener, abgeschwächter Nachklang des alten Puppenspiels«.[121]

Diesem Urteil schlossen sich andere Forscher an, ohne den Text einer Analyse zu unterziehen; so schreibt der erste Gewährsmann, von der Hagen, über Geißelbrechts Bühne:

> Faust blieb jedoch hier auch das Hauptstück, ungeachtet dasselbe, wie einige andere gemeinsame Stücke, jenen älteren Darstellungen nur abgesehen und abgehorcht erscheinen, mit mancherlei willkührlichen Veränderungen, Entstellungen und Zusätzen aus eigenen, eben nicht reichen Mitteln, die meist nur ein seltsames Gemengsel von Redensarten darbieten. [...] Es stellt sich das Ganze kenntlich als eine viel geringere Bearbeitung des trefflichen älteren Puppenspiels heraus.[122]

Und Wilhelm Hamm, der 1850 anonym den Text des Puppenspielers Guido Bonneschky herausgab, den er für die älteste Fassung hielt, bewertet Geißelbrechts Manuskript so:

> Indessen ist das Geißelbrecht'sche Manuskript keineswegs das ächte, alte Puppenspiel. Dieses ist nur benutzt, und zwar in den ersten Akten sehr stark, wie das in den Noten mitgeteilte Szenarium beweist, dagegen am Ende und sonst vielfach, ganz entstellt und höchst willkürlich verdorben.[123]

Dieses Vorurteil in der frühen Forschung, als man noch nach einer ›Urfassung‹ des Puppenspiels vom Doktor Faust suchte und die medialen Besonderheiten der Puppentheater übersah, hat den Blick auf Geißelbrecht und auch auf seine Leistungen als Marionettenspieler verstellt und negativ verzerrt. Erst ein Blick auf die nachgewiesenermaßen von Geißelbrechts Bühne stammenden Texte im Weimarer Goethe- und Schiller-Archiv zeigt, dass diese Tradition zu den wichtigsten Quellen des Faust-Puppenspiels gehört und weit ins achtzehnte Jahrhundert zurückweist.

Geißelbrechts Faust

Geißelbrechts *Faust*-Manuskripte geben uns einen repräsentativen Eindruck davon, wie das Faustspiel am Ende des achtzehnten Jahrhunderts ausgesehen haben muss. Wobei das Faustspiel Geißelbrechts eigentlich nicht im Singular existiert, sondern im Plural: Es besteht aus einem ganzen Konvolut von Handschriften, unter denen sich frühere und spätere Fassungen unterscheiden lassen. Falk war also gut beraten, als er sich von diesem Mechanikus die seinerzeit populären Spiele der Marionettenbühnen hat aufschreiben lassen. Die erste Nachricht, dass Geißelbrecht ein Faust-Spiel im Repertoire führte, haben wir bereits vom Dezember 1796, als er in Nürnberg dieses Stück neben seinen »Ombres Chinoises« ankündigte.[124] Der Mechanikus ließ im Januar des folgenden Jahres gleich die Fortsetzung auf der Bühne erscheinen – es war ein Wagner-Spiel. So kündigt es der Theaterzettel vom 21. Januar 1797 an:

> Mit wohlgekleideten Kunstfiguren oder Marionetten: Christoph Wagner, gewesener Famulus bei dem Dokter Faust. Ein Lustspiel in 5 Aufzügen; Das phisikalische Feuerwerk; Ombres Chinoises.[125]

Aus Geißelbrechts Korrespondenz mit Johann Daniel Falk wird deutlich, warum wir nur so wenige Manuskripte von Marionettenspielen besitzen. Geißelbrecht schreibt am 22. September 1804 aus Merseburg, nachdem Falk ihn erneut um eine Abschrift seines Faust-Spiels gebeten hatte:

> Ich mochte es nicht gerne abschreiben lassen durch einen Fremden, denn es ist denen Studenten nicht zu trauen. Sie könnten es auch für sich abschreiben, und einem andern Marjonetten Spieler verkaufen; […].

Anfang Oktober 1804 ist er endlich dazu gekommen, sich den *Faust* vorzunehmen, und hat sich dabei an die Anfänge seiner Laufbahn als Puppenspieler erinnert: Er werde, schreibt er an Falk,

> Ihnen nun zuerst den Doctor Faust abschreiben, weil sie so befehlen, so will ich Ihnen die derbesten Ausdrücke, wie mans vor 20 und mehr Jahre aufgeführt hat, hinschreiben […].[126]

Mitte Oktober scheint diese Arbeit für Geißelbrechts Verhältnisse zügig vorangegangen zu sein, denn er kann Falk nun versichern: »Den ersten Act vom Doctor Faust habe ich schon fertig, und ehe wir von hier abreisen sollen Sie Ihn noch bekommen.« Und doch dauerte es noch ein ganzes Jahr, ehe das Versprechen erfüllt wurde. Geißelbrecht schickte das *Faust*-Manuskript erst Ende Oktober 1805 an Falk.[127]

Auch in den folgenden Jahren bleibt der Doktor Faust in Geißelbrechts Repertoire erhalten; zeitgenössische Berichte über Vorstellungen[128] und eine Fülle von Theaterzetteln und Anzeigen belegen, dass er das alte Stück immer wieder aufgeführt hat. So zum Beispiel in Güstrow 1814: »Mit reichgekleideten Kunstfiguren: Fausts Leben, Thaten u. Höllenfahrt. Eine Zauber-Komödie in 5 Aufzügen; Ballet und Ombres Chinoises.«[129]

Es sind mehrere Manuskripte von Faust-Spielen überliefert, die Geißelbrecht als Textbücher für seine Marionettenaufführungen verwendete. Die beiden vollständigen und früheren Versionen innerhalb der Sammlung »Volkstheater« im Weimarer Goethe- und Schiller-Archiv geben uns den Text so wieder, wie Geißelbrecht ihn bis zum Anfang des neunzehnten Jahrhunderts gespielt hat. Das erste Manuskript ist ein gebundenes Textbuch, das vierundneunzig Doppelseiten von Geißelbrechts Hand aufweist. Nach Briefen Geißelbrechts an Falk handelt es sich um das Manuskript, das in den Jahren 1805 bis 1806 entstand.

Das zweite Manuskript[130] stammt ebenfalls von Geißelbrechts Hand und umfasst vierundsechzig Doppelseiten. In das Heft sind Reste eines Faust-Zettels eingeklebt, der das Personal des Stücks verzeichnet. Im Text und auf dem Vorsatzblatt finden sich Notizen von Johann Daniel Falk. Sehr weit können die beiden Manuskripte nicht auseinanderliegen, denn der Duktus der Handschrift ist in beiden Heften identisch. Möglicherweise ist No. 10 kurz nach No. 8 entstanden, weil das zuerst geschriebene Manuskript eine Reihe von Details der Handlung nur andeutet, die dann in 10 ausgeführt wurden. Ob Falk um ein ausführlicheres Manuskript gebeten hat, lässt sich nicht mehr feststellen, da seine Briefe an Geißelbrecht nicht erhalten sind.

Ein Manuskript der Version, nach der Geißelbrecht zwischen 1810 und 1826 den *Faust* gegeben haben soll und das in der ersten Hälfte des 19. Jahrhunderts unter dem Namen *Geißelbrechts Puppenspiel* bekannt wurde, befand sich im Besitz des preußischen Offiziers Gustav Eugen Friedrich von Below. Below ließ davon im Jahre 1832 einen Privatdruck in vierundzwanzig Exemplaren herstellen, von denen nur wenige erhalten sind. Es trägt den Titel:

> Doctor Faust.
> Oder: der große Negromantist.
> Schauspiel mit Gesang in fünf Aufzügen.
> Berlin, ganz neu gedruckt o. J. [1832].[131]

Das Stück wurde 1847 von Scheible wieder abgedruckt.[132] Diese Version zog Karl Simrock für seine Nachdichtung des

Faust-Spiels neben anderen Texten zu Rate. Da es keinen Hinweis auf die Existenz einer handschriftlichen Vorlage gibt, kann nicht überprüft werden, was es mit dieser späten Version auf sich hat und ob sie überhaupt von der Bühne Johann Geißelbrecht stammt.

Über dieser Version des Marionetten-Faust hat man die viel besseren Fassungen innerhalb der Manuskriptsammlung übersehen und ihre Bedeutung folglich nicht erkannt. Im Lichte der neu erschlossenen Quellen wird deutlich, dass die handschriftlichen Manuskripte Geißelbrechts in Weimar uns den alten Marionetten-Faust wohl ziemlich genau in der Gestalt zeigen, wie ihn in der Mitte des achtzehnten Jahrhunderts Wanderschauspieler und Marionettenspieler von Wien nach ganz Deutschland gebracht haben.

Das spätere, von Geißelbrecht möglicherweise überarbeitete Manuskript hat seine Wurzeln ebenfalls in der Mitte des achtzehnten Jahrhunderts, es enthält eine Reihe von Alexandriner-Versen und dokumentiert in Teilen die Handlung der Haupt- und Staatsaktion vom Doktor Faust, wie sie um 1720 in Wien und später in ganz Deutschland gespielt wurde. Allerdings ist die Handlung verstümmelt, so fehlt die Reise an den Hof des Herrschers (Parma), die andere Faust-Marionettenspiele enthalten. In Fausts Rede vor der Beschwörung der Geister lassen sich Formulierungen von Maler Müller nachweisen, ebenso findet man Anklänge an Sodens Faust-Dichtung. Es enthält eine Arie aus dem damals in Wien populären Singspiel *Das Donauweibchen* von Karl Friedrich Hensler.[133]

Deutlich wird an dieser Fassung, dass und wie die eigentliche Faust-Handlung auf der Marionettenbühne allmählich verblasste.

Die von Karl Simrock um die Mitte des neunzehnten Jahrhunderts angefertigte ›Rekonstruktion‹ des vermeintlich authentischen Puppenspiels vom Doktor Faust hingegen erscheint – betrachtet man sie in Kenntnis der jetzt bekannten Geißelbrecht'schen Manuskripte – als ein typisch bildungsbürgerliches Produkt, in dem die ältere Fausthandlung in konservierender Absicht rekonstruiert und fixiert wird; eine

Schreibabsicht, die der lebendigen Tradition der Marionettenspiele gänzlich entgegenläuft. Das hat bereits Günther Mahal in seinem Nachwort zur Reclam-Neuausgabe der Simrock'schen Fassung kritisch bemerkt.

Folgerichtig blendet Simrock in seiner glättenden Absicht auch alles Sexuelle, Anale und Fäkale aus, das doch gerade bei Geißelbrecht & Co. den Schwerpunkt bildet und für den nachhaltigen Publikumserfolg von nicht geringer Bedeutung gewesen sein muss. Was schließlich seit dem Ende des achtzehnten Jahrhunderts zwischen den Buchseiten und später auch auf den Theaterbühnen über Faust zu erfahren war, das steht auf einem ganz anderen Blatt.

Im Alter scheinen Geißelbrecht selbst übrigens religiöse Skrupel gegenüber dem eigenen Werk geplagt zu haben. In seinem späten Manuskript unterstrich er die seiner Meinung nach anstößigen Passagen und notierte am Schluss reumütig und entschlossen:

> Alles, was unterstrichen ist, bewegt mich, daß ich den Fausten nie wieder aufführen werde [...].

Es handelt sich bei diesen Abschnitten um die Beschwörungen und den Missbrauch heiliger Namen sowie um Kaspers Schilderung seiner lästerlichen und verbrecherischen Sippschaft. Warum dem alternden Puppenspieler plötzlich diese Skrupel kamen, wissen wir nicht. Jedenfalls erlegte er sich so eine Selbstzensur auf, die durchaus im Einklang mit einer Reihe von Eingriffen steht, mit der auch verschiedene Obrigkeiten seit Beginn des achtzehnten Jahrhunderts versucht hatten, die Aufführungen des *Faust* zu verhindern.

Im Vergleich mit meiner Rekonstruktion der Szenenfolge des älteren Stücks der Wanderbühnen erweist sich Geißelbrechts *Faust* als weitgehend vollständig. Zwar ist das Vorspiel in der Hölle wie bei den meisten Marionettenspielen verschwunden,[134] im Szenenbestand hat es lediglich einige Umstellungen gegeben. Betrachtet man aber den Inhalt, so werden gravierende Veränderungen erkennbar. Sie betreffen zunächst die Faust-Handlung, die insgesamt auffällig reduziert erscheint. Ausgeweitet wurden hingegen die Szenen mit Hanswurst, der sich als Held auf dem Marionettentheater deutlich in den Vordergrund drängt. Dies hat nur zum Teil mit dem Bedürfnis des Publikums nach klamaukhafter Unterhaltung zu tun; deutlich wird gerade bei der Geißelbrecht'schen Überlieferung, dass dem wenig gebildeten Puppenspieler trotz jahrzehntelanger Vertrautheit mit dem Stoff Themen und Motive der Faust-Handlung fremd geblieben sein müssen.

Das Manuskript enthält eine Fülle von Spuren der älteren Faust-Handlung der Wandertheater-Tradition, aber auch Anklänge an die literarische Faust-Tradition der neueren Zeit, so die Verwechslung von Faust und Fust, also die falsche Zuschreibung der Erfindung der Buchdruckerkunst, wie es in dem 1791 erschienenen Roman *Faust's Leben, Thaten und Höllenfahrt* von Friedrich Maximilian Klinger beschrieben wird. Die Beschwörung der Furien durch Faust ähnelt sehr der entsprechenden Szene bei Lessing (siebzehnter Literaturbrief, 1759) und belegt, dass unmittelbar mit der schriftlichen Fixierung oraler Überlieferungen eine Erstarrung der im Fluss befindlichen Traditionsstränge einhergeht.

Zu Beginn des Stücks erscheinen die Faustszenen auf ihr wesentliches Handlungsgerüst reduziert; im weiteren Verlauf verdünnt der Marionettenspieler seinen *Faust* bis zur Unkenntlichkeit. Schon die Motivation Fausts, sich mit der Magie zu beschäftigen, scheint ihm fremd und unverständlich zu sein. Die Erinnerung an die beiden Studenten, die bereits bei Marlowe ein seltenes magisches Buch zu Faust brachten, ist dürftig ausgeprägt und nicht mit der Teufelsbeschwörung verbunden. Fausts Unzufriedenheit kann sich der brave Marionettenspieler gar nicht recht erklären; nachdem er – wie übrigens alle lateinischen und auch die wenigen griechischen Texte, denn er war der alten Sprachen nicht mächtig – den Gemeinplatz »Nemo sua sorte contentus« verballhornt hat, trägt er formelhaft die Kritik an der ständischen Gesellschaft vor:

> [...] ein Bauer möchte gerne Bürger, ein Bürger Edelmann, ein Edelmann Graf, ein Graf Fürst, ein Fürst König: und ein König Kaiser sein. Und wenn einer alles dieses ist, so ist er doch nicht mit sich zufrieden; Er möchte gerne ein Alexandra, ein Bezwinger der ganzen Welt sein [...].

Für Geißelbrechts Faust bedeutet dies aber nur:

> Ein gewisses etwas in mir, das ich mir selbst nicht erklären kann, ein Streben nach einem mir unbekannten Dinge, ists, was mich in beständiger Unruhe erhält; mein Herz sehnt sich immer nach etwas; und ist dieses etwas befriedigt, so ist schon wieder ein anderer Wunsch in meiner Seele reif.

Ebenso einfältig fallen die Wünsche beim Teufelspakt aus: Faust will nie an Geld Mangel leiden müssen, überall hin durch die Luft reisen und »categorische« Antworten in weltlichen und geistlichen Dingen haben.

Man hat den Eindruck, dass dieser blasse Teufelsbündner nur deshalb auf der Marionettenbühne agiert, um dem Hanswurst Anlässe zum Hervorbringen seiner Zoten zu bieten.

Die Handlung bei Hofe ist noch stärker reduziert; die Beschwörung antiker Gestalten tritt in den Hintergrund. Nur notdürftig motiviert reisen Faust und Mefistopheles zurück nach Wittenberg. Zu Hause angekommen zeigt sich Faust von Reue zermürbt, fragt den Teufel nach der Hölle und wird schließlich mit der Erscheinung Helenas betrogen. Vom Ablauf der vereinbarten Frist ist nicht mehr die Rede. Schnell wendet sich die Handlung nun dem Ende zu. Gerade im Schlussteil wird deutlich, dass die Erinnerung an Details der Fausthandlung bei den Marionettenspielern zunehmend verblasst ist. Lediglich die Alexandriner, die noch aus dem siebzehnten Jahrhundert stammen könnten,[135] haben sich möglicherweise in der oralen Tradition behaupten können. Hier ein paar Beispiele aus Fausts larmoyanter Klagelitanei – die Verse sind nicht immer gut erhalten, da Geißelbrecht ihre metrische Struktur nicht richtig kennt:

Zuvor in Purpurkleiderpracht prangt her, der stolze Prasser,
nun sitzt er in der Holl, und schmacht, nach einem Tröpfchen Wasser.
Lazarus, war arm, und bloß, ließ sich von Hunden lekken.
Er sitzet nun in Abrahams-Schoß, läßt sich von dem Himmel schmecken.
Judas, hat durch bloßen Kauf, sein Glück und Heil verschwendet.
Zuletzt nahm der Herr den Schacher auf, der sich zu ihm gewendet.
O so wende ich mich auch zu dem Heil, ach Herr gedenke meiner,
schenk mir doch deinen Gnadenteil[,] denn ohne dich, hilft keiner.
[…]

Später klagt er:

Nun bin ich schon verklagt! – verklagt von meinen Sünden. Wo werd ich armer Faust, Trost, Rath, und Hilfe finden? Vor Angst wird mir zu klein die weit und breite Welt. Hier liegt der Höllenhund; der ins Gewissen bellt. Lernt Sünder, lernt von mir, des Satans Neze fliehen, wenn er euch nicht wie mich, soll nach der Hölle ziehen. O hartes Donnerwort, hört was der Satan sagt! Faust, Faust! Du bist bei Gott verklagt.

Und unmittelbar vor der Höllenfahrt heißt es:

Verdammt? – in alle Ewigkeit verdammt, zu jenen Finsternissen,
Was werd ich armer Faust, allda empfinden müssen!
Verflucht hab ich gelebt! Verflucht fahr ich dahin!
Mein Ende ist also, wie ich gewesen bin.
Verdammt sei alle Kunst, und alle Wissenschaft.
Verdammt sei alles Tun, sobald es lasterhaft.
Verdammt sei Faustens Leib, verdammt sei Faustens Seel,
in alle Ewigkeit, o weh! o weh!

Und unter Anteilnahme des verehrten Publikums wird Faust in den Höllenrachen zur unendlichen Pein gezerrt, was der Hanswurst prosaisch so kommentiert: »Glückliche Reise, glückliche Reis. Pfou Teufel, der hat schöne Kammerdiener, die können einander zurufen, Bruder tritt mir nicht auf den Schwanz!«

Der Hanswurst im Faust

Hanswurst kommentiert in vielen Stücken jener Zeit – und bei weitem nicht nur im Faust-Spiel – die Handlung, indem er das Publikum vertraulich anspricht; er fällt aus seiner Rolle heraus und durchbricht die Fiktion der Bühnenhandlung durch gezielte Flegeleien. Seine derbe bäuerliche Art steht in Kontrast zur feinen Etikette der höfischen Welt. Er vertritt eine materialistische Weltsicht und setzt seine Fress-, Sauf- und Geldgier dem Pathos der Helden entgegen, mit denen er im selben Stück agiert. Ihn zeichnen keine moralischen Fähigkeiten aus, vielmehr ist er ein feiger Aufschneider, der mit fäkalischen und sexuellen Ausdrücken eine Ventilfunktion für das im Alltag durch enge Moralvorschriften und Zensur eingeengte Publikum übernimmt. Geißelbrechts *Faust*-Text zeigt das überdeutlich.

Durch die Ausweitung der Hanswurst-Szenen entstand eine Kontrasthandlung zu den älteren Faust-Auftritten; sämtliche wichtigen Szenen erscheinen nun doppelt: Der Beschwörungsszene Fausts folgt eine Beschwörungsparodie des Hanswurst; dem Teufelspakt wird eine Szene nachgestellt, in der Hanswurst die Teufel foppt usw. So entstand innerhalb der Wiener Umarbeitung der Faustkomödie ein Spiel im Spiel, das von Wanderschauspielern um 1750 nach Süd-, Mittel- und Norddeutschland gebracht wurde.

Während in Deutschland die alten Haupt- und Staatsaktionen im Ausgang des achtzehnten Jahrhunderts durch ein neues bürgerliches Theater abgelöst wurden, hielt sich die Tradition der Maschinenkomödien in Wien bis ins neunzehnte Jahrhundert hinein; in der dort entstandenen Gestalt blieb die lustige

Person dem Puppentheater bis heute erhalten; als »Kasperl Larifari« sollte er in der Mitte des neunzehnten Jahrhunderts noch einmal eine ironische biedermeierliche Neuinterpretation in den Stücken erfahren, die der königlich-bayerische Hofzeremonienmeister und Karikaturist Franz Graf Pocci im Stile der Wiener parodistischen Zauberspiele für das Münchener Marionettentheater unter der Leitung von Joseph Schmidt geschrieben hat.[136]

Auf der Marionettenbühne hatte der Kasperl die größere Überlebenschance, weil ihn hier Zensurmaßnahmen gegen das Theater (Verbote von Aufführungen wandernder Puppenspieler) wie zum Beispiel 1765 in Dresden, 1772 in München, 1776 in Aachen und 1797 in Salzburg nicht auf Dauer treffen konnten. So blieben nach dem Niedergang der Wanderbühnen deren Stoffe als Marionettenstücke erhalten, die in der Art der Maschinenkomödien und der Haupt- und Staatsaktionen von den Puppenspielern vereinfacht zusammengesetzt wurden; diese Stücke waren oft die einzige Spielart des Theaters, das im neunzehnten Jahrhundert breite Bevölkerungsschichten erreichte, vor allem die weniger Gebildeten auf dem Lande. Kindlichkeit und naive Harmlosigkeit, gepaart mit Resten eines asozialen Egoismus sind die Merkmale, die von der lustigen Gestalt der Haupt- und Staatsaktion an den Kasperl des Puppentheaters vererbt wurden. Und mit diesen Eigenschaften, zu denen sich noch Spuren der alten Derbheit, Faulheit und Grausamkeit gesellten, wurde er allmählich zur Hauptfigur des Marionetten- und Handpuppentheaters. Die kinderfreundliche Jovialität und belehrende Besserwisserei, mit denen sich Kasperl im zwanzigsten Jahrhundert meist präsentiert, sind späte Zugaben aus dem Geist der Jugendbewegung in pädagogischer Absicht und haben mit dem ursprünglichen Lustigmacher nichts zu tun.

In allen Stücken bis auf die literarisch ambitionierten von Falk und Mahlmann spielt die lustige Figur die Hauptrolle. Bei den Wanderschauspielern hieß sie Harlekin oder Hanswurst. Letzterer war in Wien aus dem älteren Pickelhäring entstanden und parodierte in allen Komödien und Haupt- und Staatsaktionen die eigentliche Handlung. Hanswurst stellte meistens einen Diener dar, der den Helden auf Liebesabenteuern und gefahrvollen Reisen begleiten musste. Dabei kontrastierten die Spieler das hohe Pathos der Herren mit dem einfältigen Lamentieren des Hanswurst, der nur auf Fressen und Saufen aus war und vor allem in Ruhe gelassen werden wollte. Gegen die Bedrohungen, die von tyrannischen Herrschern, arroganten Höflingen oder gefährlichen Geistern, Ungeheuern und Teufeln ausgingen, wehrte sich Hanswurst, indem er sich durch Sprachwitze aus der Affäre zu ziehen suchte. Mit seiner unverschämten Direktheit, dem natürlichen Witz und einer deftigen Fäkalien- und Sexualsprache konnte er – zumindest auf der Bühne – eine Alternative zu den engen Lebensbedingungen entwerfen, unter denen die unteren Gesellschaftsschichten leben mussten. Das ist auch der Grund, warum Hanswurst der Held des Theaters für die einfachen Leute werden konnte. Und als die gebildeten Bürger – allen voran der Theaterreformer Gottsched – den Hanswurst von der Bühne verbannen wollten, überlebte er trotz aller Angriffe und suchte auf dem Marionettentheater Zuflucht. Dort änderte er seinen Namen, bei Geißelbrecht zum Beispiel trat er in Nürnberg als *Bajazzo* auf, und wurde nach 1800 zum *Kasperl* oder *Caspar*. Seinen rüden Charakter aber behielt er auch auf dem Marionettentheater, sank sogar später zum Prügelkasper der Handpuppenspieler herab. Erst in unserem Jahrhundert wurde er von pädagogisch engagierten Puppenspielern »gesäubert« und »charakterlich veredelt«, so dass er heute in Kindergärten für das Zähneputzen und ein ordentliches Verhalten im Verkehr werben kann.

War in einer Stadt das gesamte Repertoire durchgespielt, so hielt der Kasperl oder Hanswurst am Schluss der letzten Vorstellung eine Abschiedsrede, die als Flugblatt auch gedruckt und an der Kasse verkauft wurde. Geißelbrecht kündigt dies zum Beispiel auf dem letzten Nürnberger Zettel vom 3. Februar 1797 an; die Abschiedsrede in Gedichtform von der Frankfurter Messe ist erhalten und zeigt, dass Geißelbrecht durchaus eine gewisse Sprachbegabung besessen hat.

Abschied des Hanswursts an
seine geneigten Gönner, zu Frankfurt am
Main in der Herbstmesse 1802.

Ihr Gönner ach! nun muß ich fort, Muß fort mit schwerem Herzen. Mit Nachsicht seht ihr hie und dort Die Fehler, und viel Schmerzen Bekam mein Bauch, wenn ichs auch sah; Doch weil ich nur von Holz bin, da Da, könnt ich es nicht ändern.

Doch noch mehr Grimmen kamen dann, Wenn ich anfieng zu sprechen, Kein Mensch war da und neben dran Fieng an die Hütt zu brechen. Das war ein Lärmen, das ein Grauß! Ich schrie mir bald die Gurgel aus; Doch hört mich Niemand schreyen.

Zwei Reuter schlugen um und um Den ganzen Tag die Trommel: Das ging dann immer bum, bum, bum! Ich saß dann wie ein Dommel Im Rohr versteckt, man hört mich nicht, Das Volk nur aufs Turnier erpicht Lauft hin und her wie rasend.

Ha dacht ich, wie wirds um dich stehn? Du bist ja ganz verlassen! Wenn alle zu den Reutern gehn, Du mußt den Entschluß fassen! Musts machen wie die Reuterey Viel Lärmen und ein groß Geschrey, Wenn voll ist nicht viel geben.

Da rief mir dann mein Genius: Du bist in Frankfurts Mauern! Sey still, der Kenner wird und muß Dich endlich doch bedauern. Schon dreymal warst du hier mit Ruhm Behieltest stets dein Eigenthum. Frankfurt läßt dich nicht stecken.

Und sieh! wie mild und gnädiglich Die Rechney dich behandelt; Und o! wie schön und väterlich Das Ding ward eingehandelt! Die Reuter gingen fort, und ich, Bekam allein ganz mildiglich Noch fünf Tag die Erlaubnis.

> Da schlug mein Herz ganz hoch und frey Ha! Frankfurt das soll leben! Den Herren von der Recheney Könnt ich mein Herze geben. Es leb ein weiser Magistrat, Der so viel Gnad und Einsicht hat Mit mir, dem armen Teufel!
>
> Ich geh jetzt fort, doch was soll ich Zum Denkmal hinterlassen? Mein Bild in einem Kupferstich? Ich will mich kürzer fassen: Ihr habt dergleichen Schmierereyn Genug gesehn die Meß allein, Auf allen großen Zeteln.
>
> Nein ich laß euch von Herzensgrund Den wärmsten Dank zurücke. Glaubt mir, es reds nicht nur der Mund; Denn ich kenn keine Tücke. Mein ganzes Herz ist Dank allein Mein ganzes Leben will ich weyhn, Zu danken Euch, Ihr Gönner.[137]

Dem Hanswurst können selbst die Teufel nichts anhaben, er ist gegen alle ihre Angriffe, Verführungen und Machenschaften gefeit. Seine Souveränität beruht auf seiner Unabhängigkeit von all der Zauberei und intellektuellen Verstiegenheit seines Professors, dessen geistige Welt er nicht begreift und der für ihn nur ein »Brodfressor« ist. Hanswurst dient seinem Herren nicht eigentlich, er nutzt lediglich die Kulissen der Haupthandlung, um seine eigene Person angemessen inszenieren zu können. Und das heißt für den Lustigmacher: sich selbst gebührend in den Vordergrund zu schieben. Mit diesem Protagonisten seines Metiers bewegt sich der Puppenspieler auf vertrautem Fuß; darin liegt wohl auch der Hauptgrund dafür, dass es die Hanswurst-Szenen sind, die in Geißelbrechts *Faust* eindeutig dominieren. Solche Akzentverschiebungen weisen übrigens auch andere Stücke des Marionettenspielers auf.

In einem Brief vom 21. Oktober 1804 meldete Geißelbrecht seinem Gönner Falk aus Wittenberg: »Noch etwas neues! Der Hanswurst hat seinen Namen verlohren, und heißt Casperl. weil ihn Dreher und Schüz so tauften, so muss ich ihn auch so nennen.« Da haben wir also den Geburtstag unserer zeitgenössischen Kasper-Figur.

Hanswurst oder modern »Casper« ist die Lieblingsgestalt des Marionettenspielers, ihn setzt er mit allen ihm zur Verfügung stehenden Mitteln in Szene. Der Holzkopf Casper hat in Geißelbrecht einen ihm gemäßen Meister gefunden. Schon der erste Auftritt Caspers beginnt mit einem überlangen Monolog, in dem er dem Publikum seine Geistesart zum besten gibt. Seine Späße sind zweideutig-eindeutig sexuell und fäkalisch dominiert. Zunächst erzählt er, wie er das Buch seines jungen Herrn auf dem Abtritt missbraucht hat – wofür man ihn zuerst entlassen und dann durchgeprügelt hat –, dann entdeckt er Fausts Bücher.

> Was Teufels da sind ja Bücher; und eins ist aufg'schlagen; Potz Blitz! wenn ich nur a bissel lesen könnt, nu wart ich will mal a bissel buchstabiren. Das ist a Buchstab der ist so groß wie a Scheunentor. Das ist g'wiß ein a. richtig ein a.
> *er buchstabirt*
> A, r, s, ch, Schnupfstabacksdose. Aha.
> V, o, tz, Feuerzeug.

Und so geht es weiter, sicher zum Vergnügen der Zuschauer, die ihm genau aufs Maul geschaut haben werden. Die Hanswurst-Szenen sind zu einem Stück im Stück weiterentwickelt und kontrastieren die verblassende Haupthandlung in satirischer Absicht. Bis ins frühe siebzehnte Jahrhundert zurück weist die Szene in Parma, in der Stallknecht und Köchin dem zecheprellenden Hanswurst nachlaufen. Sie ist bereits nach dem Dreißigjährigen Kriege ins deutsche Faust-Drama hineingekommen. So wie in der älteren Faust-Tradition auf dem Menschen-Theater der Kaiser durch den weniger verfänglichen »Herzog von Parma« ersetzt wurde, zieht es auch bei Geißelbrecht Faust nach Parma. Hanswurst ist allerdings vor seinem Herrn da und fällt der Herzogin vor die Füße. Vermutlich änderte der Mechanikus das Spiel deshalb, weil die Anzüglichkeiten des rüden Caspers gegenüber einer Frau noch unverschämter und damit publikumswirksamer waren. Vor der Herzogin im fernen Parma geht Casper aufs Ganze; er verspricht ihr ein großes Zauberkunststück, ein Feuerwerk ohne Rauch und Dampf:

> Moral, oder Schmiral, das ist mir ein Ding, nun gehts nur a bißle beiseit daß euch nichts ins Gesicht sprizt.
> *er hebt den Fuß auf.*
> Hokes bockes, rictus malagus. [...]
> Ne gute Sache will Weil haben, nu kommts, nu paßt auf, nu kommts.
> *er läßt einen tüchtigen Knall los, er geht auf die Herzogin los.*

So gewinnt der Allerweltskerl die Sympathien seiner Zuschauer, weil er vor nichts und vor niemandem Respekt hat, weder vor einer Herzogin noch vor einem Professor und vor einem Teufel schon gar nicht. Seine dumm-dreiste Unverfrorenheit ermöglicht es ihm, einen fiktiven Raum der Anarchie zu erzeugen, in dem – zumindest auf der Marionettenbühne – eine Alternative zur alten Welt von Faust und Mefistopheles aufscheint. Der ungehobelte Bediente aus dem 4. Stand spielt kurz nach der Französischen Revolution die hohen Herrschaften an die Wand und besudelt ihr unzeitgemäßes Pathos mit Unflat. Dass diese subversiven Tendenzen dem vorsichtigen Geißelbrecht nach seinen Erfahrungen mit der Zensurbehörde in Weimar selber unheimlich waren, geht aus seinem oben bereits zitierten Brief an Falk vom 7. Oktober 1804 hervor, in dem er zu den »derbsten Ausdrücken« in seinem *Faust*-Manuskript anmerkt: »wo man sich gleich jetzt nicht unterstehen darf, so etwas zu sagen«.

7. Geißelbrecht im Urteil der Zeitgenossen

Dass Geißelbrechts Marionettenspiel ein beachtliches Niveau aufwies und dass die mechanischen Figuren von seiner hohen Kunstfertigkeit zeugten, belegen eine Reihe von zeitgenössischen Dokumenten. Der bereits erwähnte Carl Julius Weber beschreibt die Schlussszene der von ihm Ende des achtzehnten Jahrhunderts besuchten Faustaufführung Geißelbrechts in Rastatt folgendermaßen:

> […] und doch war das Witzigste, was ich von ihm hörte, dass er im Faust als Hanswurst erzählte, was er mit seinem Herrn in der Hölle gesehen habe. »Da sah ich auch einen Saal, wo Leute über glühende Bänke immer hin- und hersteigen mussten, und das waren die Leute, die in Rastadt immer vom Sechskreuzerplatz nach dem Zwölfkreuzerplatz hinübergestiegen waren.« Man denke sich das Gelächter, das zugleich dem Unfug einigermaßen abhalf. […] Mein Marionettenspieler Geißelbrecht endete seinen Faust, wie in der Regel der arme Schwarzkünstler endet, Mephistopheles als Hanswurst kapitulirt mit dem Gott sei bei uns! der ihm aber seinen Herrn nachschicken will. »Wer bist du denn?« fragt der Teufel. »Ich – bin ein Rastädter« (vermuthlich ist er überall von der Stadt, wo er gerade auftritt). Der Teufel flieht, und der Hanswurst macht seinem verehrlichen Publikum das Kompliment: »Meine Herren! Sie sehen, der Teufel hat Respekt vor den Rastädtern!«

Mit seiner Beschreibung erweist sich Weber als genauer Chronist seiner Zeit, denn in der Stadt Goethes und Schillers ließ Geißelbrecht seinen »Casper« zum Publikum sagen: »Ich gratuliere, ich gratuliere, wer von Weimar ist[,] den holt der Teufel nicht, aber ich muss mich weg packen denn er möchte es gewahr werden, dass ich nicht von Weimar bin, und könnte mich abholen. Gute Nacht.« Dieser Witz, der gewiss auch in abgewandelter Form in anderen Stücken anzutreffen war, hebt Geißelbrecht aus der Masse der oft sehr primitiven Zunftkollegen heraus; allgemein findet sein Spiel auch die Anerkennung gebildeter Zuschauer. So schreibt der Hofmarschall von Sachsen-Gotha-Altenburg, Graf Salisch, über einen Besuch der Frankfurter Messe 1801: »Ich ging um 8 Uhr in das Marionetten-Theater, das einen unglaublichen Zulauf findet und wirklich besser als die gewöhnlichen ist.«

Ganz in diesem Sinne bewertet der Theaterwissenschaftler Rudolf Weil Geißelbrechts Auftritt in Berlin im Winter 1804, wo er sich an ein »gutes« und »vornehmes« Publikum wandte und ähnlich positiv eingeschätzt wurde, wie die damals ebenfalls recht bekannte Truppe von Dreher und Schütz.[138] Auch die Haderslebener Zeitung *Lyna* schreibt am 23. Februar 1817: »[…] übrigens verdient die Geißelbrechtsche Gesellschaft im Ganzen für ihre wirklich schönen Darstellungen Achtung und Dank und – reichlich Einnahmen.«

Die Ereignisse in Weimar, über die in der *Zeitung für die elegante Welt* eine längere Satire erschienen war, wurden auch in anderen Blättern glossiert. So druckte der Redakteur der *Thüringischen Vaterlandskunde* die satirischen Beiträge nach und bestätigt Geißelbrecht, den er in Erfurt gesehen hatte, dass er ein »geschickter Mechanikus« sei. »Er findet vielen Beyfall, und wirklich sind auch einige seiner aufgeführten Stücke recht artig, und Hanswurst versteht die Kunst dem Lachlustigen sein Zwergfell zu erschüttern.« Die Geschicklichkeit, mit der Geißelbrecht seine Puppen zu führen verstand, war schon dem sächsischen Hofrat Ludecus aufgefallen, der die Truppe in Weimar gesehen hatte.[139]

Selbst ein so kritischer Geist wie Wilhelm von Humboldt hat in einem Brief aus Königsberg vom 30. Mai 1809 nur Lob für Geißelbrecht übrig:

> Ein Amüsement, das ich jetzt mir manchmal mache, ist ein Marionettentheater, das wirklich recht hübsch ist. Man spielt Stücke von Mahlmann, Falk u.a., worin sehr lustige und jetzt auch bedeutende Dinge vorkommen. Die Puppen werden gut maniiert und Doktor Faust, den ich vorgestern sah, war wirklich sehr hübsch.[140]

Dass der Beifall des Publikums noch nicht den Erfolg garantierte, musste Geißelbrecht in Nürnberg erfahren, wo sein Gesuch am 28. Juli 1796 vom Rat abgelehnt wurde; erst vier Monate später heißt es in den Ratsverlässen:

> Dem um die Erlaubnis, in einem hiesigen Wirtshauß Chinesische Schattenspiele produciren zu dürfen, mündlich supplicirenden Mechanico Geißelbrecht, ist solches auf einige Tage zu bewilligen.[141]

Aus einigen Tagen ist dann allerdings ein Vierteljahr geworden, daraus können wir schließen, dass die Vorstellungen dem Magistrat gefallen haben müssen, zumindest, dass keine negativen Berichte abgegeben wurden. Immer mussten die Spieler zuerst um die Erlaubnis der »Hohen Obrigkeit« nachkommen, bevor sie ihre Bretterbuden aufschlagen durften. Und die Tatsache, dass Geißelbrecht 1822 eine preußische Generalkonzession erhalten hat[142], bedeutet nicht, dass zu dieser Zeit die Auflagen der Behörden gelockert worden wären. Denn selbst wenn die Erlaubnis zum Spiel von der zuständigen Behörde erteilt worden war, so konnte immer noch eine Anzeige alles zunichte machen. So erregten im Königreich Dänemark antisemitische Tendenzstücke im Repertoire der Geißelbrecht'schen Truppe Anstoß.

Antisemitische Hetze – im Puppenformat

Ein Zeitungsbericht aus Kopenhagen vom 23. November 1816 lautet:

> Wenn gleich der Inhaber hiesigen Marionetten-Theaters, der Mechanikus Geißelbrecht, früher die ziemlich gewisse Aussicht hatte, die Erlaubniß zu erhalten, während des ganzen Winters Vorstellungen hier zu geben, so ist ihm dies doch jetzt untersagt worden, da er sich erlaubt hat, mehrere satyrische Stücke auf die Bekenner der Mosaischen Religion aufzuführen, und selbst »unser Verkehr« zur Aufführung anzukündigen, welches jedoch nicht gegeben worden ist. Gestern wurde zum Abschied noch »Der Jude in der Tonne« aufgeführt.[143]

Die beiden genannten Stücke führte Geißelbrecht auch weiterhin im Repertoire; sie scheinen das Publikum an vielen Orten erheitert zu haben, was für unsere heutigen Begriffe nur schwer verständlich ist, denn die Karikatur des »Schacherjuden« wird vielfach in den Schmutz getreten. Manchmal ergötzt der Kasperl sein Publikum damit, dass er den betrügerischen Juden auf offener Bühne zu Tode prügelt – Judenmord im Puppenformat.

In Hadersleben ist Geißelbrecht mit dieser, wie er hoffte, publikumswirksamen Hetze noch einmal davongekommen. Als er dort bei seiner Rückreise von Kopenhagen Ende Dezember 1816 erneut Station machte, beschwerte sich Moses Hirschel, einer von zwei jüdischen Familienvorständen der Stadt, bei der Königlich Holsteinisch Lauenburgischen Kanzlei: Geißelbrecht habe in seinen Stücken Juden lächerlich gemacht. Der Vorwurf gegen Geißelbrecht und die Tendenzen der Stücke *Der Jude in der Tonne*[144] und der Posse *Unser Verkehr* von dem Komödiendichter Sessa[145] ist eindeutig:

> Die Geißelbrechtsche Gesellschaft, welche durch Puppen und wirkliche Personen das hiesige Publicum zu amüsieren sucht, läßt es sich auf alle Weise angelegen seyn, Juden und was auf diese Nation Beziehung hat, nicht blos lächerlich sondern selbst verhaßt und verächtlich zu machen. […] Es kann unmöglich der Wille der Regierung seyn: dass diese Gesellschaft durch hetzerische und boshafte Spiele auf Kosten des armen Juden das Geld aus dem Lande wegschleppen. Was für Dänemark nöthig und nützlich ist; dürfte es auch für die Herzogthümer seyn.[146]

Hirschel gehört zu einer der wenigen jüdischen Familien in dieser Region – einer Region, die sich schon seit dem siebzehnten Jahrhundert einer gewissen Toleranz in religiösen und weltanschaulichen Fragen rühmt. Dennoch hat er mit seinem mehr als berechtigten Vorstoß keinen Erfolg. Und das, obwohl er sich die Unterstützung des juristischen Sachwalters Ewald Knudsen gesichert hat, der seinerseits an die Kanzlei appelliert, die Konzession des Mechanikus aufzuheben. Der Anwalt warnt mit einem Nachdruck, der etwas Leidenschaftliches hat:

> Die Regierung kommt sonst in den Verdacht willkürlicher Gewaltausüb[un]g [und,] was das Comödianten-Volk gern behaupten möchte, der Despotie. [...] Nach meiner Einsicht ist dieses an sich erbärmliche Produkt ganz unmoralischer Tendenz, ganz darauf angelegt, ein Volk, das seit Anfang unserer Geschichte merkwürdig und achtungswerth ist, zum Gelächter und Gespött des Pöbels zu machen. Handelt die Policey richtig; ein solches Stück spielen zu lassen?

Die Empfindlichkeit, die in diesem Votum gegenüber der Diskriminierung der Juden deutlich wird, hat ihren Grund im Emanzipationsprozess, der zu Beginn des neunzehnten Jahrhunderts vor allem in den deutschen Staaten von einer aufgeklärten Bürokratie unterstützt wurde. Auch der dänische Gesamtstaat, der in dieser Frage vergleichsweise verspätet war, konnte sich dieser Entwicklung nicht verschließen. Zwar lebten in Schleswig und Holstein weitaus weniger Juden als im südlichen und östlichen Deutschland. Doch auch hier war die Problematik der rechtlichen Existenz dieser Minderheit sehr nachdrücklich wahrgenommen worden.

Auf Betreiben des Kronprinzen Friedrich wurde 1814, also nur zwei Jahre vor den hier geschilderten Ereignissen, eine Verordnung betreffend die bürgerliche Gleichberechtigung der Juden in Dänemark erlassen. In Kopenhagen, wo sich eine größere jüdische Gemeinde befand, hatte diese Verordnung auch Erfolg – wie der dortige Abbruch von Geißelbrechts Gastspiel beweist.

Anders lagen die Dinge allerdings in den Herzogtümern, die der Monarchie ja in Personalunion verbunden waren. Die Verwaltungsbehörden lehnten es nämlich ab, die Verordnung durchzuführen. Selbst eine Beschwerde der jüdischen Gemeinde bei der deutschen Kanzlei in Kopenhagen führte zu nichts: Man zog sich hier auf das Argument zurück, die Verordnung gelte nur für das eigentliche Königreich Dänemark selbst und nicht für die Herzogtümer. Damit sprach man im Sinne derjenigen Bevölkerungsteile in Schleswig und Holstein, denen an einer Emanzipation der Juden nicht gelegen war.

Die Beschwerde geht nach Gottorf, und am 25. Januar 1817 fordert die dortige Kanzlei den Magistrat in Hadersleben auf, über die Angelegenheit Geißelbrecht Bericht zu erstatten. Bürgermeister Lindenhan erfüllt diese Forderung auch postwendend. Er spielt die Sache nach Kräften herunter und beruft sich dabei sogar auf verbürgte Rechte – auch die Proklamation des Judenmords werde demnach von der Pressefreiheit geschützt:

> Es ist in der That eine Lächerlichkeit, wenn ein einzelner Mensch, welcher sich durch die Aufführung eines Schauspiels, welches Eigenschaften darstellt und in einem lächerlichen Lichte zeigt, von denen er vieleicht einige besitzt, verlangt, daß dieses Schauspiel deswegen nicht aufgeführt werde. […] In einem Lande, wie das unsrige, wo unbedingte Preßfreiheit gilt, wird auch die Aufführung einer Comödie nur dann verboten werden, wenn sie eine unmoralische Tendenz hat, Unsittlichkeiten enthält, oder zum Auflauf oder öffentlichen Lärm Anlaß geben kann.

Lindenhan räumt zwar ein, dass die Geißelbrechtsche Gesellschaft wegen ähnlicher Vorfälle aus Kopenhagen abziehen musste, stellt ihren Mitgliedern aber ein einwandfreies Leumundszeugnis aus, lobt die hohe Qualität ihrer Darbietungen und fragt diplomatisch:

> Wir überlassen es der Höheren Beurteilung, ob die Furcht, von fremden Comödianten despotisch genannt zu werden, eine Regierung zu irgend einer Maaßregel veranlassen könne.

Man sieht an dieser Reaktion, dass ein breiter Teil der Bevölkerung von der Judenemanzipation, die man höheren Orts beschlossen hatte, überfordert war. Vor allem in den unteren sozialen Schichten, bei den Handwerkern und anderen Gruppen, die von den Veränderungen der beginnenden Industrialisierung besonders betroffen waren, blieb ein latenter Antisemitismus bestehen. So erklärt sich auch, dass Geißelbrecht mit seinen Komödien, in denen er die Juden diskriminierte, fast überall unbehelligt gastieren konnte. Das Zerrbild des Juden auf der Bühne diente als Ventil, um den antisemitischen Vorurteilen freien Lauf zu lassen.

Eine Entscheidung allerdings musste in dieser heiklen Angelegenheit gar nicht gefällt werden, wie aus einer Aktennotiz der Gottorper Kanzlei hervorgeht: »Um so unbedenklicher ad acta zu legen, da die Geißelbrechtsche Gesellschaft Hadersleben in diesen Tagen verläßt.«

In Husum hat die Gesellschaft Ende April bis Anfang Mai unbehelligt spielen dürfen; hier jedenfalls verzichtete Geißelbrecht auf Stücke mit antijüdischer Tendenz; er kündigt in der Beilage zum Königlich priviligirten Wochenblatt Nr. 17 vom 27. April 1817 an: »Mit reichgekleideten Kunstfiguren: Die Belagerung von Schmarkant; mit Personen: Jeder fege vor seiner Thür. Lustspiel in 1 Act, von Schröder.« Und im selben Blatt vom 4. Mai 1817: »Mit Figuren: Doctor Faust, eine Zauberkomödie in 5 Aufzügen; mit Personen: Das Strudelköpfchen. Ein Lustspiel in 1 Act von Michaelsen.« Und auch die dritte Anzeige vom 5. Mai wirkt unbedenklich: »Mit Figuren: Die goldene Urne im Zauberthal. Komische Oper in 4 Aufzügen; mit Personen: Der Kater und der Rosenstock. Ein Lustspiel in 1 Act von Kotzebue.«

Diese Anzeigen waren es übrigens, die Theodor Storm später bei der Konzeption seiner Novelle *Pole Poppenspäler* in die Hände fielen; und weil in seinem Geburtsjahr 1817 der Mechanikus Geißelbrecht in Husum – vielleicht im Rathaussaal – mit dem *Doktor Faust* aufgetreten war, setzte er ihm in seiner Puppenspielernovelle als Schwiegervater des Herrn Tendler und Konstrukteur der komplizierten Kasperl-Mechanik ein literarisches Denkmal.

Nach seiner Rückkehr von der Dänemark-Reise gastierte Geißelbrecht zur Jahreswende 1818/19 im Apollo-Theater zu

Hamburg. Zwei Jahre später brach der rastlose Theaterprinzipal von neuem auf und reiste diesmal nach Osten; auch gegen das zweite Gastspiel im Holsteinischen hatte niemand etwas einzuwenden; Geißelbrecht hatte in Lübeck die Lacher immer auf seiner Seite; er gab dort unter anderen Stücken am 8. Juli 1819 *Der Jude in der Tonne* von Julius von Voß und kündigte einige Tage später an: »Eine Stunde im Hause des Israeliten Hirsch Moses«. Was da über die Bretter des Marionettentheaters ging, können wir nur vermuten, judenfreundlich wird es auf keinen Fall gewesen sein.

Die Ereignisse von Kopenhagen und Hadersleben müssen einen langen Schatten geworfen haben, denn die letzte Nachricht von Geißelbrecht, die bisher aufgespürt wurde, berichtet von einem fehlgeschlagenen Versuch aus dem Jahre 1826, eine erneute Konzession für den Norden zu erhalten, da die Kanzlei in Schleswig Geißelbrecht eine Spielerlaubnis für die Herzogtümer Schleswig und Holstein versagte.[147]

Es ist durchaus wahrscheinlich, dass man sich in Gottorp seiner erinnerte und diesmal wegen seines aktenkundigen Antisemitismus die Erteilung einer Konzession verweigerte. So hat es sich am Ende doch noch schlecht für Geißelbrecht ausgezahlt, dass er acht Jahre zuvor seinen Bühnenerfolg zumindest teilweise auf Kosten einer verachteten und diskriminierten Minderheit einspielte.[148]

Nachbemerkung

Damit sind Wirken und Kontext des Faust-Puppenspielers Geißelbrecht, seiner Marionettenspiele und seiner »Ombres Chinoises« durchmessen. Wir haben in Geißelbrecht einen der letzten bedeutenden Marionettenspieler kennengelernt, der nicht bloß die Traditionen des Puppenspiels, sondern auch noch Reste der Kunst der Wanderschauspieler des achtzehnten Jahrhunderts bewahrte – im Guten wie im Bösen, in der publikumswirksamen Unterhaltungskunst und in der bedenkenlosen Förderung antisemitischer Vorurteile und Aggressionen.

Mit seinem Tod verblasste der Glanz dieses Gewerbes allmählich. Seine Nachfolger konnten sich noch einige Jahrzehnte behaupten, doch nach der Reichsgründung änderten sich durch die Entwicklung des Lebensstandards die Unterhaltungsgewohnheiten der sogenannten unteren Schichten. Statt von Jahrmarkt und Puppenspiel bezogen sie nun mehr und mehr aus den Heften der Kolporteure die Anregung für ihre Phantasie; als dann in unserem Jahrhundert das Kino modern wurde, war die Zeit für die Marionettenspieler endgültig vorbei.

Dieses Buch geht zurück auf folgende Vorarbeiten des Verfassers, die an unterschiedlichen Orten verstreut erschienen sind und für diese Zusammenstellung durchgesehen und zum Teil eingreifend überarbeitet wurden:

1. *Doctor Johann Faust. Die dramatische Gestaltung der Faustsage von Marlowes ›Doktor Faustus‹ bis zum Puppenspiel.* Diss. Köln 1988.
2. Der Mechanikus Georg Geißelbrecht. Zur Geschichte eines wandernden Marionettentheaters um 1800. In: *Wanderbühne. Theaterkunst als fahrendes Gewerbe.* Berlin 1988 (= Kleine Schriften der Gesellschaft für Theatergeschichte; Heft 34/35), S. 105-128.
3. Geißelbrecht in Schleswig-Holstein. Theodor Storm setzte dem Puppenspieler ein literarisches Denkmal. In: *Schleswig-Holstein. Kultur – Geschichte – Natur.* September 1991, S. 5-9.
4. Zur Geschichte des Schattenspiels in Deutschland. In: Helga Werle-Burger / Gerd Eversberg (Hg.): *»Ombres chinoises«. Schattentheater in Eurasien.* Husum 1992 (= Kataloge der Museen in Schleswig-Holstein; 2), S. 38-42.
5. »Faust für Holzköpfe«. Wandlungen des *Faust*-Stoffes von der Wanderbühne zum Marionettentheater. In: Günther Mahal (Hg.): *»… aus allen Zipfeln …«. Faust um 1775. Referate und Zusammenfassungen der Diskussionen des wissenschaftlichen Symposiums am 25./26. September 1999 in Knittlingen.* Knittlingen 1999 (= Publikationen des *Faust*-Archivs und der *Faust*-Gesellschaft; Band 2), S. 7-27.

Anmerkungen

1 Vgl. Gerd Eversberg: Der Mechanikus Georg Geißelbrecht. Zur Geschichte eines wandernden Marionettentheaters um 1800. In: *Kleine Schriften der Gesellschaft für Theatergeschichte*, H. 34/35 (1988), S. 105-128.

2 Bei der in der zweiten Hälfte des neunzehnten Jahrhunderts intensiv geführten Diskussion über die Faust-Dichtung vor Goethe wurde nach einer Urfassung des Marionetten-Fausts gesucht, deren Entstehung man im späten siebzehnten Jahrhundert vermutete und mit dem ideologisch belasteten Terminus »Volksschauspiel« zu einer von Christopher Marlowes *Doctor Faustus* unabhängigen, rein deutschen Dichtung zu stilisieren versuchte. Dass hierbei der nationalistische Wunsch der Vater des Gedankens war, lässt sich durch Szenenvergleiche leicht zeigen; heute ist die Ansicht allgemein anerkannt, dass es der englische Shakespeare-Zeitgenosse war, der auf der Grundlage des Faustbuchs von 1587, von dem er eine englische Übersetzung benutzte, die erste dramatische Bearbeitung der Faustsage schuf. Vgl. auch Günther Mahals Nachwort zur Neuausgabe von *Doktor Johannes Faust. Puppenspiel in vier Aufzügen, hergestellt von Karl Simrock*. Hg. von Günther Mahal. Stuttgart 1991.

3 Zit. nach Karl Simrock: *Doktor Johannes Faust. Puppenspiel in Vier Aufzügen*. Frankfurt am Main 1846, S. 85.

4 Zum Beispiel bei Johann Georg Theodor Gräße: Zur Geschichte des Puppenspiels und der Automaten. In: *Die Wissenschaften im neunzehnten Jahrhundert, ihr Standpunkt und die Resultate ihrer Forschungen. Eine Rundschau zur Belehrung für das gebildete Publikum* 1 (1856), S. 626-675, hier S. 671, von dem die meisten späteren Autoren den Irrtum übernahmen, wie Edmund Stadler: Puppentheater. In: *Reallexikon der deutschen Literaturgeschichte*. Bd. 3. 2. Aufl. Berlin 1968, S. 300.

5 Hans Richard Purschke: *Die Anfänge der Puppenspielformen und ihre vermutlichen Ursprünge*. Bochum 1979. Ders.: Puppenspiel und verwandte Künste in der Reichsstadt Nürnberg. In: *Mitteilungen des Vereins für Geschichte der Stadt Nürnberg* 68 (1981), S. 221-258. Ders.: *Die Entwicklung des Puppenspiels in den*

klassischen Ursprungsländern Europas. Ein historischer Überblick. Frankfurt am Main 1984.

6 Meine diesbezüglichen Nachforschungen in den Stadtarchiven von Frankfurt am Main und Hanau sowie die Durchsicht der Kirchenbücher sämtlicher Gemeinden in und um Geißelbrechts Geburtsort blieben erfolglos.

7 Der Aufenthalt in Husum ist durch eine Anzeige in der *Beilage zum Königlich privilegirten Wochenblatt* (Husum) vom 27. IV. und 4. V. 1817 belegt.

8 Anzeigen in: *Didaskalia oder Blätter für Geist, Gemüth und Publizität* (Frankfurt am Main) vom 8. und 14. IX. 1825.

9 Laut freundlicher Mitteilung des Stadtarchivs Hanau vom 11. 1. 1988. – Vgl. auch Hans Richard Purschke: *Puppenspiel und verwandte Künste in der Freien Reichs-Stadt Frankfurt am Main.* Frankfurt am Main 1980, S. 98.

10 Herrn Lars Rebehn, Hamburg, verdanke ich Kopien bisher unveröffentlichter Archivalien und weitere Hinweise auf Nachrichten über Geißelbrecht; vgl. Lars Rebehn: Vom hamburgischen Marionetten-Spiel. Zur Geschichte einer volkstümlichen Unterhaltungsform. In: Manfred Wegner (Hg.): *Die Spiele der Puppe. Beiträge zur Kunst- und Sozialgeschichte des Figurentheaters im 19. und 20. Jahrhundert.* Köln 1989, S. 34-47.

11 Vgl. den kleinen Aufsatz des Magdeburger Sammlers Johannes Richter: Mechanikus Geißelbrecht – Wanderkomödianten im 19. Jahrhundert. Pole Poppenspälers Vorfahren in Güstrow. In: *Stier und Greif. Blätter zur Kultur- und Landesgeschichte in Mecklenburg-Vorpommern* 1 (1991), S. 70-77. Richter, der ein Archiv zum Puppentheater in Magdeburg aufgebaut hat, wertet die im Stadtarchiv Güstrow erhaltenen Theaterzettel Geißelbrechts aus; ich habe seine Angaben als Ergänzung meiner früheren Forschungsergebnisse übernommen.

12 Max Fehr: *Die wandernden Theatertruppen in der Schweiz 1600-1800.* Einsiedeln 1949 (= Jahrbuch der Gesellschaft für schweizerische Theaterkultur; XVIII), S. 105.

13 Staatsarchiv Nürnberg, Rst. Nürnberg, Ratsverlässe Nr. 4303, S. 65 und 4307, S. 69. Mit freundlicher Genehmigung des Archivs. – Die Theaterzettel Geißelbrechts werden in der Stadtbibliothek Nürnberg unter der Signatur NOR 1371.2 und 293.2 aufbewahrt. Mit freundlicher Genehmigung der Bibliothek.

14 Carl Julius Weber: Die Marionetten. In: Ders.: *Democritos, oder hinterlassene Papiere eines lachenden Philosophen.* Bd. 12. Stuttgart 1849, S. 93 f. (Zuerst 1840 erschienen).

15 *Gemeinnützige Unterhaltungsblätter* (Hamburg) vom 27. v. 1809.

16 Rudolf Weil: *Das Berliner Theaterpublikum unter A. W. Ifflands Direktorium (1796 bis 1814). Ein Beitrag zur Methodologie der Theaterwissenschaft.* Berlin 1932 (= Schriften der Gesellschaft für Theatergeschichte; 44), S. 53.

17 *Zeitung für die elegante Welt* (Erfurt) vom 9. vi. und 26. vii. 1804.

18 Text in Siegfried August Mahlmann: *Sämmtliche Schriften.* Bd. vi. Leipzig 1840, S. 1-84. Anzeige der Aufführung in: *Zeitung für die elegante Welt* vom 9. vi. 1804 (Nr. 69).

19 J. C. R. Ridel an Johann Daniel Falk vom 17. 5. 1804. Goethe- und Schiller-Archiv Weimar.

20 Johann Daniel Falk an Christine von Reitzenstein; Brief vom 29. 12. 1811. Goethe- und Schiller-Archiv Weimar.

21 Im Goethe- und Schiller-Archiv Weimar befinden sich eine Reihe unveröffentlichter Briefe von Georg Geißelbrecht sowie von August Mahlmann an J. D. Falk; die 22 Briefe Geißelbrechts erlauben vielfältige Einblicke in den Alltag einer reisenden Marionettenbühne; aus den Briefen Mahlmanns lässt sich die Absicht zur Begründung eines stehenden Marionettentheaters in Weimar entnehmen; wegen der politischen Ereignisse in der Folgezeit ist aus diesem Plan nichts geworden.

22 *Königlich-Preußische allergnädigst-privilegirte Thüringische Vaterlandskunde* (Erfurt) vom 4. vii., 15. und 29. viii. 1804.

23 Johannes Falk an Böttiger vom 7. x. 1804. Zit. nach: Siegmar Schultze: *Falk und Goethe. Ihre Beziehungen zu einander nach neuen handschriftlichen Quellen.* Halle 1900, S. 40 f.

24 Johannes Weygardus Bruinier: Das Volksschauspiel vom Doktor Faust in drei Fassungen der Moebiusschen Überlieferung. Einleitung und Text. In: ders.: *Faust vor Goethe. Untersuchungen zur Faustsage.* Teil 2. Anklam 1910, S. x.

25 *Weltbürgertum und preußischer Staatsdienst. Briefe aus Rom und Berlin-Königsberg 1808-1810.* Hg. von Anna von Sydow. Berlin 1909 (= Wilhelm und Caroline von Humboldt in ihren Briefen; 3), S. 170.

26 *Iris. Unterhaltungsblatt für Freunde des Schönen und Nützlichen* (Frankfurt am Main) 1825; fortlaufende Berichte über Geißelbrecht von Nr. 181 bis Nr. 194 (10.-28. ix. 1825).

27 Nach Johannes Richter: *Mechanikus Geißelbrecht* (wie Anm. 11).

28 J.P. Lyser [Rezension]: Doktor Johannes Faust (Simrock), Frankfurt am Main 1846. In: *Wiener Zeitschrift für Kunst, Literatur, Theater und Mode*, Nr. 87 (1846), S. 347f.

29 Landesarchiv Schleswig-Holstein, Schleswig, Königliche Statthalterschaft Abt. 10 Nr. 370 und Deutsche Kanzlei Abt. 65.2 Nr. 10471. Mit freundlicher Genehmigung des Archivs.

30 Konzession vom 12.1.1816; Landesarchiv Schleswig-Holstein, Abt. 10 Nr. 371.

31 Alle Orte sind dort mit Datum durch die jeweiligen Polizeibehörden dokumentiert.

32 Der Aufenthalt in Kopenhagen wird in einer Anzeige in: *Lyna. Eine Wochenschrift* (Hadersleben) vom 14.IV.1816 erwähnt. Kopien stellte freundlicherweise der Stadtarchivar von Hadersleben zur Verfügung. – Der Aufenthalt in Husum ist ebenfalls durch eine Anzeige in der *Beilage zum Königlich privilegirten Wochenblatt* (Husum) vom 27.IV. und 4.V.1817 belegt.

33 Heinrich Asmus: *Die dramatische Kunst und das Theater zu Lübeck*. Lübeck 1862, S. 125.

34 Konzession auf drei Jahre, Berlin, den 22.XI.1822. Nordrhein-Westfälisches Hauptstaatsarchiv Düsseldorf, Alte Regierung Aachen 1667. Mit freundlicher Genehmigung des Archivs.

35 In Frankfurt haben sich drei Theaterzettel aus dieser Zeit (1800 und 1801) erhalten, außerdem eine Abschiedsrede des Hanswurst von 1802. Die Zettel werden in der Frankfurter Stadt- und Universitätsbibliothek aufbewahrt; die Rede des Hanswurst ist erschienen in: *Frankfurter Hausblätter* vom 28.V.1881 (Nr. 8).

36 Johann Georg Theodor Gräße: *Zur Geschichte des Puppenspiels* (wie Anm. 4).

37 *Privilegirtes Offenbacher Frag- und Anzeige-Blatt* vom 7. und 14.X.1825.

38 *Zieglersche Chronik*, Bd. 1: 1825-1846, S. 1. Eine Kopie wurde mir freundlicherweise vom Stadtarchiv Hanau zur Verfügung gestellt.

39 Eigenhändiges Gesuch Geißelbrechts sowie die Ablehnung im Landesarchiv Schleswig-Holstein, Abt. 10 Nr. 371.

40 Johannes Falk: *Goethe aus näherm persönlichen Umgange dargestellt*. Leipzig 1832. (ND: Hildesheim 1977. Dort Hinweise auf die Glaubwürdigkeit Falks und Literaturangaben.) – Die

Prinzessin wurde veröffentlicht in: J.D. Falk: *Neueste Sammlung kleiner Satiren, Gedichte und Erzählungen.* Berlin 1804.

41 Geißelbrechts Aufenthalt in Weimar ist noch durch weitere Dokumente belegt: *Aus Goethe's Leben. Wahrheit und keine Dichtung. Von einem Zeitgenossen* [das ist Johann August Ludecus]. Leipzig 1849, S. 47ff. Die Zusammenhänge sind teilweise beschrieben bei Eleonore Rapp: *Die Marionette im romantischen Weltgefühl. Ein Beitrag zur deutschen Geistesgeschichte.* Bochum 1964, S. 110ff. Die dort enthaltenen bibliographischen Belege sind unvollständig.

42 Bericht von einem lustigen Kriege: zwischen Geißelbrechts Marionetten und den Hofschauspielern in Weimar. In: *Zeitung für die elegante Welt* (Leipzig) vom 9.VI.1804 (Nr. 69).

43 »Weil bei S[einer] General Policei Direction bekannt war, dass Durchl[aucht] der Herzog mehrmalen Marionetten Komödien hier zu spielen erlaubt, und sie Selbst besucht hatte, so fand man auch für dieses mahl kein bedenken der Geißelbrechtschen Gesellschaft die Erlaubniß dazu zu ertheilen – Der Jahrmarckt gab Veranlassung dass die Gesellschaft um Verlängerung bat, die ihr auch in der Rücksicht zugestanden ward. Man hatte um dem hiesigen Theater keinen Schaden in der Einnahme zu veranlassen gleich anfangs zur Bedingung gemacht, dass an den Schauspieltagen nicht gespielt werden sollte. Gleichwohl sagte mir gestern H[er]r Geh[eimer] Rath Voigt, H[er]r Geh[eimer] Rath von Göthe hätten geäussert dass die Theater Casse dadurch Schaden litte, und sie wünschten dass künftig nicht so lange von der Ge[ehrte]n Pol[izei] Direct[ion] die Erlaubniß ertheilt würde. Da nun das Hof-Theater allerdings allen übrigen vorgehen muss, so ist die Ge[ehrte] Pol[izei] Direct[ion] nicht im Stande der Geißelbrechtsch[en] Gesellschaft noch eine längere Erlaubniß zu verstatten, wenn es nicht die Theater Direction selbst veranlaßt. (Die Marionetten haben zu eilf Vorstellungen Erlaubniß, wovon die heutige die achte ist.) Dies will ich Ihnen, lieber Freund, zu Ihrer Notiz melden. Können Sie besondere Gründe zu der längeren Erlaubniß bei der Theater Direction veranlassen, so gebe ich das Ihnen anheim. Aber ohne dass der H[er]r Geh[eime] Rath von Göthe entw[eder] H[er]rn von Fritsch oder mich schriftlich veranlasst der Truppe noch mehrere Vorstellungen zu erlauben, kann es nicht geschehen[.]«. Brief C.J.R. Ridels an Johann Daniel Falk vom 17.5.1804;

Goethe- und Schiller-Archiv Weimar; in eckigen Klammern: Ergänzungen von G. E.

44 Krieg zwischen den Marionetten und den Weimarschen Hofschauspielern. Neueste Zeitungsberichte. In: *Zeitung für die elegante Welt* vom 25. VII. 1804 (Nr. 89). (Weitere Berichte in Nr. 88 vom 24. Juli.) Die satirischen Berichte in der *Eleganten Welt* wurden nachgedruckt von der *Thüringischen Vaterlandskunde* (Erfurt) und vollständig wieder in *Iris* (Frankfurt am Main) zitiert.

45 Berichte darüber in *Iris* vom 17., 23., 24. und 27. IX. 1825 (Nr. 186, 190, 191, 193).

46 So auf den Theaterzetteln, die in der Stadtbibliothek Nürnberg aufbewahrt werden.

47 So in Schleswig-Holstein 1816/17.

48 *Iris* vom 10. IX. 1825 (Nr. 181), S. 724 f.

49 Sie werden in einer Kritik aus Hadersleben erwähnt in: *Lyna* vom 9. III. 1817, S. 77.

50 Landesarchiv Schleswig-Holstein, Abt. 10 Nr. 371.

51 Eine Würdigung des Spiels der Truppe in: *Lyna* vom 14. IV. 1816, S. 130.

52 Im Wortlaut der Anzeige in der *Beilage zum Königlich privilegirten Wochenblatt* (Husum) vom 27. IV. und 4. V. 1817.

53 Im Antrag Geißelbrechts und in der Ablehnung durch die Regierung werden »Marionetten« und »kleine persönliche Nachspiele« erwähnt (Landesarchiv Schleswig-Holstein, Abt. 10 Nr. 371).

54 *Lyna* vom 9. III. 1817, S. 77.

55 Laut einer Mitteilung von Herrn Rebehn, Hamburg.

56 *Lyna* vom 2. III. 1817, S. 66.

57 Georg Jacob: *Geschichte des Schattentheaters im Morgen- und Abendland.* Hannover 1925, S. 159.

58 Vgl. den umfangreichen *Versuch über das Theater* und die dafür herangezogenen Materialien in Band 14.1 und 14.2 der Großen kommentierten Frankfurter Ausgabe der Werke Thomas Manns (*Essays I*, hg. von Heinrich Detering). Frankfurt am Main 2002.

59 Ohne die Manuskripte mit dem Namen »Geißelbrecht« in Verbindung zu bringen, hat Oskar Schade No. 8 und No. 10 als Vorlagen für eine Kompilation verwendet: Das Puppenspiel Doctor Faust. In: *Weimarisches Jahrbuch* 5 (1856); bis heute ist der Forschung unbekannt geblieben, dass es sich bei beiden Manuskripten um Handschriften Geißelbrechts handelt. Die von

Schade vorgelegte Edition an sehr abgelegenem Ort bietet einen Mischtext und entspricht heutigen Anforderungen nicht mehr.

60 Von dieser Handschrift wurde No. 11 abgeschrieben, die wörtlich übereinstimmt. Datierung: No. 8 ist kürzer und enthält weniger Details als No. 10. Viele Einzelheiten stimmen aber bis ins Kleinste überein, so dass beide Handschriften nicht weit auseinander liegen können. Dafür, dass No. 8 die ältere Handschrift ist, sprechen folgende Indizien: 1. 8 ist kürzer, warum sollte Geißelbrecht später eine weniger ausführliche Fassung schreiben? Abgesehen vom veränderten Schluss enthält 8 nichts, was nicht auch in 10 vorkommt. 2. Auf diesen Schluss weist Carl Julius Weber in seinem Bericht über Geißelbrechts Auftritt in Rastatt (um 1798) hin. Es könnte sein, dass dieses ältere Manuskript bereits in Weimar von Geißelbrecht an Falk gegeben wurde. 3. In No. 8: Bazen (süddeutsche Währungsbezeichnung). In No. 10: Groschen, in Sachsen, Thüringen und Schlesien gebräuchlich. Das verweist für No. 8 auf die Zeit, in der Geißelbrecht in Süddeutschland reiste, also vor 1804. Nach der Ausweisung aus Weimar bereiste Geißelbrecht zunächst Ost- und dann Norddeutschland.

61 Der Name des Klugheitsteufels lautet im Faustbuch von 1587 »Mephostophiles«; später variiert die Schreibweise; die Deutung nach dem Griechischen »der das Licht nicht liebt« ist ebenso umstritten wie »der Faust feindlich ist«.

62 Alter Name des Teufels, so bereits im Faustbuch von 1587 für den Affen-gestaltigen Begleiter von Fausts Famulus Wagner.

63 Der aus der altiranischen Religion in das apokryphe Buch Tobias übernommene Dämon der Verschwendung (Asmodeus).

64 Verballhornung des Namens eines aztekischen Kriegsgottes (Vitzliputzli).

65 Verderbtes Latein (Audium et Gugulorum); vielleicht aus auditum (Gerücht) und cuculus (Kuckuck; alter Name für den Teufel) mit der Assoziation zu »Kokolores« (unnützes Geschwätz).

66 Sistite, mortales! concurrite vos et attendite mecum veritatem!

67 Negromantie: Mit »Nigromantie« oder »Schwarzkunst« wurde im sechzehnten Jahrhundert die Magie bezeichnet, von der es eine weiße (gute) und eine schwarze gab, deren Anhänger nach der Volksmeinung mit dem Teufel im Bunde waren.

68 aus dem plutonischen Reich: Der Hades, Aufenthaltsort der Schatten, ist die Unterwelt der griechischen Mythologie und wird

von Pluto beherrscht; im sechzehnten Jahrhundert ist damit die Hölle gemeint, in der nach christlicher Lehre die Bösen gepeinigt werden.

69 Tracktätlein: Nach lat. »tractare« Abhandlung, Buch.

70 tracktiret: tractieren; hier bewirten.

71 zittiren: lat. »zitieren«: jemanden zu sich kommen lassen; hier: die Teufel durch Beschwören herbeirufen.

72 omnia mea mecum porto.

73 Prinzipii: Prinzipien, Regeln; hier für Lehrbuch der Grammatik.

74 Pluralum: Mehrzahl.

75 Krips: Kragen, Genick.

76 Schneckentrep: Wendeltreppe.

77 Zölpel: Zollhaus.

78 spindisiren: lange überlegen.

79 Thaler: die im Spiel erwähnten Münzeinheiten Thaler, Kreuzer und Gulden lassen sich in der frühen Neuzeit folgendermaßen in Relation setzen: einem Gulden entsprechen 60 Kreuzer, 3 Gulden entsprechen 2 Thalern.

80 Musje: franz. Monsieur.

81 Siste, siste, Phlegethontia Styx! Hejus hejus! Adste, mali spiritus! Faustus vos citissime citat.

82 Apage, male spiritus!

83 apage, spiritus!

84 Proserbina: Proserpina ist in der griechischen Sage die Gemahlin des Pluto.

85 Assambleen: Gesprächskreise und Versammlungen.

86 Gutenberg: Friedrich Maximilian von Klinger (1752-1831) brachte Faust mit dem Erfinder der Buchdruckerkunst in seinem Roman *Faust's Leben, Thaten und Höllenfahrt* (1791) in Verbindung.

87 Nemo sua sorte contentus.

88 Der längere Text in Nr. 8 lautet: »ein Bauer möchte gerne Bürger, Ein Bürger Edelmann, ein Edelmann Graf, ein Graf Fürst, ein Fürst König: und ein König Kaiser sein. Und wenn einer alles dieses ist, so ist er doch nicht mit sich zufrieden; Er möchte gerne ein Alexandro, ein Bezwinger der ganzen Welt sein; so geht es mir Johannes Faust. Ich habe so viel erlernt, so viel gesehen und bin doch noch nicht zufrieden, Ein gewisses etwas in mir, das ich mir selbst nicht erklären kann, ein Streben nach einem mir unbekannten Dinge, ists,

was mich in beständiger Unruhe erhält; mein Herz sehnt sich immer nach etwas; und ist dieses etwas befriedigt, so ist schon wieder ein anderer Wunsch in meiner Seele reif. Immer haben wir Menschen einen Wunsch, und nie bleiben wir ohne diesen. Ein Zeichen daß ein Spiritus, in uns lebt der mit den irdischen Wünschen nie zufrieden, der sich immer nach etwas Höheres sehnt, und das wir Menschen in dieser Hölle nicht erreichen können.

Um nun einigermaßen diese Leere auszufüllen, um hinter das dunkle Geheimnis jenseits des Grabes zu kommen, habe ich meinen Geist Mefistopheles hierher bestellt; aber es ist bereits 12 Uhr durch und mein Geist Mefistopheles hat sich noch nicht hören lassen.«

89 In qua forma vis ut tibi Mephistopheles appareat?

90 Accordiert: vereinbart.

91 Geißelbrecht schreibt: begleite.

92 Deisten: Anhänger einer Gottesauffassung der Aufklärung, nach der Gott die Welt geschaffen hat, danach aber keinen Anteil mehr an ihr nimmt.

93 Homo fuge!

94 Geißelbrecht schreibt: für.

95 aprorirte: aporetische; hier im Sinne »sich der Deutung entziehend«.

96 Manuskript Nr. 8 enthält folgende Versvariante:
Faust wach auf vom Sündenschlaf/Ermuntre dich verlornes Schaf.

97 Barbe: Karpfenartiger Flussfisch.

98 Ego sum diabolus.

99 Fexiren: vexieren; irreführen, quälen, necken.

100 Zufall: hier in der älteren Wortbedeutung ›Ereignis‹, ›Geschehen‹.

101 Hypochontrie: Hypochrondrie; Gefühl einer körperlichen oder seelischen Krankheit ohne pathologische Grundlage.

102 Am 21. Oktober 1804 schreibt Geißelbrecht an Falk: »Noch etwas neues! Der Hanswurst hat seinen Namen verlohren, und heißt Casperl, weil ihn Dreher und Schüz so tauften, so muss ich ihn auch so nennen – – –.« Unveröffentlichter Brief, Goethe- und Schiller-Archiv Weimar.

103 Franz. Bouteille.

104 Geißelbrecht schreibt: Gistikulationen.

105 O ter quaterque infelix!
106 Praepara te!
107 Accusatus es!
108 Judicatus es!
109 In aeternum damnatus es!
110 Abweichender Schluss im Manuskript Nr. 8:

Eine Furie kommt zurück und will Hanswurst aufheben, er schreit entsetzlich und will nicht mit. Die Furie bringt ihm ein Compliment von seiner Großmama

H⟨ANS⟩W⟨URST⟩

Was macht meine Großmama

FURIE

Sie thut nichts als Heulen und Zähnklappern!!

H⟨ANS⟩W⟨URST⟩

Ei so lüg!! sagt der Kerl sie tät mit den Zähnen klappern, und hatte keinen einzigen Zahn mehr im Maul. Sie müßte denn grad mit dem Podex knappern

FURIE

Also willst du nicht mit in die Höll?

H⟨ANS⟩W⟨URST⟩

Nein du bist gar ein schwarzer Gesell doch wenn ich gleich wieder raus könnte dann ging ich doch mal mit.

FURIE

Du sollst gleich wieder kommen.

er führt ihn ab, nach einer kurzen Zeit kommt er wieder und erzählt daß er dorten die Krämer, in Pappir eingewickelt habe brennen sehen, die zu einem halben 4tel Kaffee 2 Loth Pappir gewogen. Die Metzger haben keine Daumen an Händen gehabt, die Jungfern hätten müssen die Schürz ausbügeln die sie hätten von den Junggesellen verkrümpeln lassen, zuletzt sieht er die Leute so springen, und das waren diejenigen die auf dem letzten Plaz zahlten und herüber stiegen auf den 2ten oder 1ten, hiermit macht er sein Compliment und geht ab

Ende.

111 In anderer Handschrift: »Apolda 13/8.24«.
112 Gerd Eversberg: *Doctor Johann Faust. Die dramatische Gestaltung des Fauststoffs von Marlowes »Doktor Faustus« bis zum Puppenspiel.* Phil. Diss. Köln 1988.
113 J.P. Lyser (wie Anm. 28), S. 347f.

114 Zit. nach Bruinier (wie Anm. 24), S. XVI.

115 Einen Beleg für die Aufführung des Puppenspiels vom Doktor Faust haben wir für Frankfurt am Main in den Jahren 1756 und 1757. Vgl. *Faust-Spiele der Wanderbühnen.* Hg. von Günther Mahal. Knittlingen 1988, S. 79.

116 Dass die Truppe von Peter Florenz Ilgner 1770 in Straßburg einen *Doktor Faust* aufführte, geht hervor aus Andreas Meyer: Briefe eines jungen Reisenden durch Liefland, Kurland und Deutschland an seinen Freund Herrn Hofrath R… in Liefland. Erlangen 1777. In: *Archiv für Litteraturgeschichte.* H. 3 (1878), S. 359f.

117 Einige Literaturhinweise: Helmut G. Asper: *Hanswurst. Studien zum Lustigmacher auf der Berufsschauspielerbühne in Deutschland im 17. und 18. Jahrhundert.* Emsdetten 1980. Olaf Bernstengel u.a. (Hg.): *»Die Gattung leidet tausend Varietäten …«. Beiträge zur Geschichte der lustigen Figur im Puppenspiel.* Frankfurt am Main 1994. Gerd Eversberg: *Doctor Johann Faust* (wie Anm. 112). Peter Schmitt: *Schauspieler und Theaterbetrieb. Studien zur Sozialgeschichte des Schauspielerstandes im deutschsprachigen Raum 1700-1900.* Tübingen 1990 (= Theatron; 5).

118 Goethe- und Schiller-Archiv (Sig. Q 683,1-144); unter den Marionettenspielen der Sammlung »Volkstheater« im Goethe- und Schiller-Archiv befinden sich folgende Handschriften von *Faust*-Stücken: No. 8 *Doctor Faust. Eine Volcks-Sage in 5. Aufzügen.* Handschrift von Geißelbrecht; 64 Doppelseiten. No. 9 *Doctor Faust. Volksschauspiel in 4 Ackten für Marionetten eingerichtet*, 23 Doppelseiten. No. 10 *Doctor Faust. Eine alte Volcks-Sage aus den Zeiten des 12ten Jahrhunderts in 5 Aufzügen.* Handschrift von Geißelbrecht; 94 Doppelseiten. No. 11 *Doctor Faust, uraltes Marionettenspiel. Manuskript, wie es viele hundert Jahre in Deutschland gespielt worden ist, und dem Goethihen* [so!] *Faust zur Grundlage gedient hat. Dem berühmten Marionettenspieler Geißelbrecht in Breslau abgetauscht.* Abschrift von No. 8; Schreiber Goetze, 30 Doppelseiten. No. 12 *Der travestirte Doctor Faust. Ein großes Trauerspiel in zwei kleinen Acten. Nebst Prolog und Epilog des Caspers*, 118 Doppelseiten; Verfasser: Siegfried August Mahlmann, 1806. No. 13 *Faustina, das Kind der Hölle. Posse in einem Act; aus den Zeiten der Kreuzzüge.* Handschrift von Geißelbrecht; 36 Doppelseiten; Am Schluss ausführliche

Schilderung von Erlebnissen des Caspers in der Hölle; inhaltlich wie Schluss von No. 8. Vgl. Georg Ellinger: Ein deutsches Puppenspiel: Alceste. In: *Zeitschrift für deutsche Philologie* 18 (1886), S. 257-301.

119 Kurt Asche: Marionettenspieler und Gaukler mit kaiserlichem Privileg. Drei norddeutsche Programmzettel des 17. Jahrhunderts. In: *Wanderbühne. Theaterkunst als fahrendes Gewerbe. Kleine Schriften der Gesellschaft für Theatergeschichte*, H. 34/35 (1988), S. 61-73.

120 Das Marionettentheater von Schütz und Dreher gastierte in Berlin seit 1803 fast jährlich mit großem Erfolg; die beiden Puppenspieler setzten durch ihr Repertoire und die Puppenführung Maßstäbe und fanden auch im Kreis der Berliner Romantiker Beachtung. Auf Besuche in ihren Faust-Aufführungen gehen Mitschriften vom Doktor Faust zurück, die Simrock später für seine Nachdichtung verwendete. Vgl. auch Alexander Weigel: »Denen sämtlichen concessionirten Puppenspielern hierselbst«. Das Marionettentheater und die Theaterpolizei in Berlin 1810. In: Manfred Wegner (Hg.): *Die Spiele der Puppe. Beiträge zur Kunst- und Sozialgeschichte des Figurentheaters im 19. und 20. Jahrhundert.* Köln 1989, S. 20-33.

121 Karl Simrock: *Doktor Johannes Faust* (wie Anm. 3), S. 93.

122 Friedrich Heinrich von der Hagen: Das alte und neue Spiel vom Dr. Faust. In: Johann Scheible (Hg.): *Das Kloster*. Bd. 5. Stuttgart 1847, S. 738.

123 Wilhelm Hamm (Hg.): *Das Puppenspiel vom Doctor Faust. Zum erstenmal in seiner ursprünglichen Gestalt wortgetreu herausgegeben mit einer historischen Einleitung und kritischen Noten.* Leipzig 1850, S. XVI.

124 Theaterzettel (1. Dec): Ombres Chinoises: Der große magische Zauberer; mit großen mechanischen Figuren: Der Doktor Faust. Stadtbibliothek Nürnberg, Nor. 293.

125 Stadtbibliothek Nürnberg, Nor. 293.

126 Brief vom 7. Oktober 1804.

127 »Hier übersende Ihnen die verlangten Stücke, verzeihen Sie dass es nicht möglich dieselbe eher zu Schicken, denn wir haben dieser Zeit viel Kummer gehabt […].« Geißelbrecht an Falk, Löwenberg, 18.10.1805, Goethe- und Schiller-Archiv Weimar.

128 Im Frühjahr 1809 besuchte Wilhelm von Humboldt Geißelbrechts *Faust*-Spiel, wie er Caroline von Humboldt am 30. Mai 1809 aus Königsberg mitteilte. *Weltbürgertum und preußischer Staatsdienst* (wie Anm. 25), S. 170.

129 Theaterzettel o.D. Heimatmuseum Güstrow.

1815, Hamburg: »Dabei bemerkte ich, dass ich 1814 [richtig: 1815!] in Hamburg ebenfalls nicht nur den Faust, (von Geißelbrecht, aus Wien) sondern auch den Don Juan aufführen sah […].« J.P. Lyser (wie Anm. 28), S. 347.

4.5.1817, Husum: »Anzeige des Mechanikus Geißelbrecht: Mit Figuren Doctor Faust, eine Zauberkomödie in 5 Aufzügen; mit Personen: Das Strudelköpfchen. Ein Lustspiel in 1 Act von Michaelsen.« In: *Beilage zum Königlich privilegirten Wochenblatt*, Nr. 18 vom 4.5.1817.

Juni-August 1819, Lübeck: »24.6. Doctor Faust, Volkssage in 5 Aufzügen. 15.7. Auf Verlangen: Doctor Fausts Leben, Thaten und Höllenfahrt, eine Völkssage der Vorzeit in 5 Aufzügen.« In: *Lübeckische Anzeigen*, Juni – August 1819.

1820, Güstrow: »Mit Kunst-Figuren: Doctor Faust. Volks-Sage der Vorzeit, in fünf Acten; mit Personen: Die beiden Billets. Lustspiel in einem Acte, von Anton Wall.« Theaterzettel o.D. Heimatmuseum Güstrow.

18.9.1825, Frankfurt am Main: »Repertoir, von Geißelbrechts Marionetten. Sonntag den achtzehnten Doctor Faust, Volkssage in 5 Aufzügen.« In: *Iris. Unterhaltungsblätter für Freunde des Schönen und Nützlichen*, Nr. 186 vom 17.9.1825, S. 744.

30.9.1825, Frankfurt am Main: »Repertoir, von Geißelbrechts Marionetten. Freitag den 30. Faustina, das Kind der Hölle. Zum Nachspiel: Die lächerliche Hoftrauer.« In: *Iris. Unterhaltungsblätter für Freunde des Schönen und Nützlichen*, Nr. 194 vom 28.9.1825, S. 776.

130 No. 8 (Q 6838).

131 Ein Faksimile-Nachdruck erschien 1912.

132 Johann Scheible (Hg.): *Das Kloster*. Bd. 5. Stuttgart 1847, S. 747-782; der Text erscheint hier gemeinsam mit dem Augsburger, Straßburger und Ulmer Puppen-Faust.

133 Wien 1798.

134 Lediglich im Ulmer Puppenspiel hat sich dieser von Thomas Dekker herkommende Prolog erhalten; vgl. Gerd Eversberg: *Doctor Johann Faust* (wie Anm. 112).

135 Vgl. hier S. 94 f.

136 Franz Pocci: *Die Zaubergeige und andere Märchenkomödien.* Berlin 1980.

137 *Frankfurter Hausblätter. Aus Vergangenheit und Gegenwart. Beilage zum Neuen Frankfurter Communal-Blatt und Anzeiger* vom 28. v. 1881 (Nr. 8), S. 63 f.

138 Rudolf Weil (wie Anm. 16), S. 53. *Thüringische Vaterlandskunde* (Erfurt) vom 4. Juli 1804, S. 524. Kopien wurden freundlicherweise vom Stadtarchiv Erfurt zur Verfügung gestellt (Sign.: 4-0/ IIA15 (1804).

139 [Ludecus] (wie Anm. 41), S. 47.

140 *Weltbürgertum und preußischer Staatsdienst* (wie Anm. 25), S. 170.

141 Staatsarchiv Nürnberg, Rst. Nürnberg, Ratsverlässe, Nr. 4307, S. 69.

142 Nordrhein-Westfälisches Hauptstaatsarchiv Düsseldorf, Alte Regierung Aachen 1667.

143 *Hamburgischer unparteiischer Correspondent*, Nr. 190 vom 27. XI. 1816.

144 Beschwerde von Moses Hirschel und weitere Dokumente im Landesarchiv Schleswig-Holstein, Abt. 10 Nr. 371. – Eine Fassung des Gesuchs und gleichlautende Abschriften des Vorgangs sind im Landsarkivet Aabenraa (Haderslev byarkiv, pakke 98: 1673-1866 Politisager, Acta XXI k: 1793-1866) erhalten und wurden mir als Kopie freundlicherweise zur Verfügung gestellt.

145 Julius von Voß: Das Märchen von der Tonne. Fastnachtsposse in drei Aufzügen. In: *Possen und Marionettenspiele, zur Erheiterung in trüben Stunden.* Berlin 1816.

146 [Anonym]: *Unser Verkehr. Posse in einem Aufzug.* Leipzig 1815. Im Gegensatz zu Karl Borromäus Alexander Sessa, dem Verfasser dieses antisemitischen Hetzstücks, hat Voß versucht, »die Juden bürgerlich ›gleichzustellen‹, indem er sie dem gleichen Satire-Prinzip unterwarf wie alle anderen. Voß hat die Juden literarisch nicht besser und nicht schlechter behandelt als z. B. die preußischen Offiziere, die polnischen Landadeligen oder die Berliner Handwerker.« Conrad Wiedemann: Julius von Voß. Großstadttheater im Off. In: Klaus Gerlach (Hg.): *Der gesellschaftliche Wandel um 1800 und das Berliner Nationaltheater.* Hannover 2009 (= Berliner Klassik; 15), S. 121-138. Ob diese Differenzierung allerdings von Geißelbrecht

und seinem Publikum wahrgenommen wurde, halte ich für zweifelhaft.

147 Konzession und Ablehnung im Landesarchiv Schleswig-Holstein, Abt. 10 Nr. 371.

148 Dokumente zu diesem Vorfall befinden sich im Landesarchiv Schleswig-Holstein (Königliche Statthalterschaft Abt. 10, Nr. 370 und Deutsche Kanzlei Abt. 65.2 Nr. 1047 I); sowie im Landsarkivet Aabenraa (Haderslev byarkiv, pakke 98:1673-1866 Politsager, Acta XXI k: 1793-1866). Beiden Archiven und allen übrigen Informanten sei herzlich gedankt.

Drucklegung gefördert aus Mitteln der Theodor-Storm-Gesellschaft und des Leibniz-Preises der DFG

Bibliografische Information der Deutschen Nationalbibliothek
Die Deutsche Nationalbibliothek verzeichnet diese Publikation in der Deutschen Nationalbibliografie; detaillierte bibliografische Daten sind im Internet über http://dnb.d-nb.de abrufbar.

www.wallstein-verlag.de
Vom Verlag gesetzt aus der Bodoni
Umschlagabbildung aus:
Wilhelm von Hamm (Hg.): Das Puppenspiel vom Doctor Faust. Leipzig, 1850
Druck und Verarbeitung: Hubert & Co, Göttingen

ISBN 978-3-8353-1215-9